永定路学区名师系列丛书

U0882749

助力学生健康成长

——一位中学数学教师的教育教学思考与实践

赫秀辉　著

首都师范大学出版社
CAPITAL NORMAL UNIVERSITY PRESS

图书在版编目(CIP)数据

助力学生健康成长：一位中学数学教师的教育教学思考与实践/赫秀辉著．—北京：首都师范大学出版社，2017.9

ISBN 978-7-5656-3664-6

Ⅰ.①助…　Ⅱ.①赫…　Ⅲ.①中学数学课—教学研究　Ⅳ.①G633.602

中国版本图书馆 CIP 数据核字(2017)第 155091 号

ZHULI XUESHENG JIANKANG CHENGZHANG

助力学生健康成长

——一位中学数学教师的教育教学思考与实践

赫秀辉　著

责任编辑　王莉莉

首都师范大学出版社出版发行

地　址　北京西三环北路 105 号

邮　编　100048

电　话　68418523(总编室)　68982468(发行部)

网　址　www.cnupn.com.cn

印　刷　北京九州迅驰传媒文化有限公司

经　销　全国新华书店

版　次　2017 年 9 月第 1 版

印　次　2017 年 9 月第 1 次印刷

开　本　710mm×1000mm　1/16

印　张　10.75

字　数　170 千

定　价　25.00 元

序

认识赫秀辉老师是在10年前了。之后，我常听她谈起对中学数学教育的一些独特想法。在这期间，我一直希望她能写一本书，和大家交流她的想法，以及她作为一线教师在数学教育方面的一些鲜活做法。

我认为，在课程改革走到深水区的今天，非常需要像赫老师这样的一线教师，“接地气”地说一说自己是怎样把对中学课改和数学教育的理解融入日常教育教学实践中的。

随着近些年和老师们的交流越来越多，我越发感觉到，一些教师的角色，早已超越“教书匠”的范畴，这并不是说他们不再兢兢业业做教育，恰恰相反，他们是在有想法、有激情的前提下，更加兢兢业业地做教育。他们对教育的理解，也不仅仅是传授知识，不再仅仅着眼于“学科教学”，而是把视野放在“学科教育”这个广阔的舞台上，赫老师就是其中的一位。我常听她说的一句话是：“我是一位数学教师，但我首先是一位教师。”这是她在教育教学工作中的基本出发点。她总是根据学生的年龄特点，钻研怎样在“教好数学”的同时“育好人”，她总能站在“助力学生成长的角度”，潜心于“中学数学学科育人的实践”。

其实，一线教师能有这样的想法很了不起。能够跳出学科看教育，又能够在大教育观下把握学科教学，我们现在所倡导的“学科核心素养”和“公共素养”，不正是这个意思吗？可以说赫老师对教育的想法和现代教育理念的把握是契合的。深陷在学科教学而不关注学科育人的老师，只是关注了学生学习成绩的好坏，至于“人生的成绩”怎样，却没有长远的育人定位。我们作为教育者，应该把学生的成长放在更长的时间轴上去考量。

赫老师始终在中学教育教学一线工作。她所培养的学生，无论从学业成绩还是毕业后的工作来看，都是比较优秀的。他们受赫老师的影响，都喜爱数学。对曾经经历过的数学教育对自己的影响，他们都有话要说。这本书中，记录下了他们的心声。从学生的角度回看我们的数学教育，这未尝不是另一番审视，从而督促我们在数学教育的路上更有目标地努力前行。

赫老师突出业绩有很多。在区域研训方面的尝试，是她被认可的另一个原因。她和金红梅老师在校际联合教研方面进行了多年的实践探索，她们带领老师们做了时间跨度长、能够真正反映教育教学实践、有实际意义的课题。赫老师乐于与同行交流，乐于把自己的想法和实践与学校或区域中的老师们分享，她的这种教育情怀感染与影响了很多数学老师。

当我在读这本书的时候，我理解了赫老师二十多年从事中学数学教育一线工作的坚守与情怀。她总希望能把“更好的”呈现出来。我认为在这本书中，她确实做到了这一点。她把很多生动而又深刻的例子展现给大家，在这些真实的例子中，让我们一起品读赫老师，品读她助力学生成长的大爱情怀，品读她学科育人的育人情怀。希望赫老师继续努力，在教育教学方面获得更大的成绩！

2017 年 6 月 26 日

（教育部《高中数学课程标准》研制组副组长，《高中数学课程标准》修订组组长，首都师范大学教授、博士生导师）

目　录
CONTENTS

育人素养的思考

一、自我完善

二十年前，当我怀着当教师的梦想来到北京的时候，心情既复杂又激动，我要工作的学校是什么样？我的学生会是什么样？我迫不及待地来到学校，可看到的一切却令我失望：尘土飞扬的操场、快掉了漆的教学楼门、闷热的教室……这让我对首都的崇拜和向往大打折扣，不由地打起退堂鼓。然而，这种对物质条件的不满很快就被学校领导和老师的热情与关心打消了。老校长第一时间来到宿舍(院内的小平房)看望我们几个新来的大学生，有点歉疚地说："条件差了点儿，咱们慢慢改善。""没关系，我们是来工作的，不是来享受的!"老校长的关怀让我备感暖意，脱口而出的这句话让自己像个真正的教师。同宿舍的刘老师用她的热情关心着两个新来的小妹妹，用她对工作的热心与责任影响着我们。年级组长经常在我与顽皮的孩子们的"较量"中及时出现，轻松地解决问题。十多年过去了，我送走了一届届学生，经历着学校的发展与变化，与学校的感情与日俱增。如今的学校有了现代化的塑胶跑道、装饰一新的教学楼、明亮的窗户、走廊里摆放着整齐的学生用柜，每个教室内还配备了现代化的电教设备。夏天师生们再也不用听那些电扇艰难的"嘎吱嘎吱"的呻吟了，取而代之的是空调，就连卫生间也配备了干手机。除了这些，在我眼前，依旧是宁静庄重的校园，绿色环绕的教室和时时传来的琅琅读书声，操场上学生们的欢笑声，但我隐隐约约感到这一切与过去似乎还有所不同，究竟哪里不同呢？我一直在寻找着这个答案，直到有一天，我教过的第一届学生，也就是 1998 年毕业的一个学生来看我。他的一席话让我忽然想明白了——不同的是老师！他说，留在脑海中老师的形象是一脸的严肃，高高在上，双手抱着一摞作业本，上课侃侃而谈……而今天的老师是那样的年轻、漂亮，面对排着队问问题的学生，一点都不急，耐心地一个一个讲解。"令我更加钦佩的是今天的赫老师，当初，风华正茂的老师要是发起火来，我们连个大气都不敢出。”我在思考，是什么改变了我？——是对教育的理解。

1998年我带完一届初中，学校安排我到高中，依然是班主任，教两个班的数学课。一切又是那么陌生，一切都得从头学起。数学组的几位老教师对我特别关照，他们提醒我怎样与家长沟通，怎样与学生交流。对我专业影响最大的是，我在组内经常要上公开课，我的师傅闫老师让我去听她的课，然后一起讨论，一起备课。闫老师很严谨，做事一丝不苟，讲课很有逻辑性。有时几位老教师坐一起让我说课，他们一起给我讲教材、讲对数学的理解，那时我们获取信息的渠道很窄，不像现在信息技术手段丰富，获取信息的途径多种多样，所以在当时有这些老师们的帮助让我很受益。那时，我对教育的理解还停留在经验上，教学工作也是任务型的、模仿型的。1999年，学校让我去带唯一的文科班，学校请《班主任》杂志主编王宝祥给老师们讲座，主要讲怎样做好班主任工作。现场提问环节，有一位班主任讲了自己在班级管理中的某个实践活动，王教授说：“这个创意不错，但你为什么这样做？你要想清楚，它对学生的意义是什么？”听了讲座后，我很受启发，一个老师不能满足于做一个事务型的、模仿型的老师，要有自己对教育的理解和认识，要想清楚自己在为学生做什么，在为教育做什么。那时开始，我对班主任工作有了新的认识，逐渐开始有了自己的思考并付诸实践。班集体是挖掘学生潜能、发展学生个性、促进学生实现自主健康发展的重要平台。从那届文科班起，我便开始探索学生自主管理模式——模块化班级管理。在以学生为主体的教育实践中，实施学生自主管理班级。钟启泉教授认为：人类行为的终极目标是“在团体中确保自己的一席之地”。班级自主管理模式让每位学生在团体中有了“一席之地”，积极参与班级建设、班级管理，在活动中自由、自主地发展。那时开始学生和我都有了新的生长点，学生爱班级、爱学校、对社会充满期待，我与学生的距离也越来越近了。

2007年，北京市正式进入新一轮课程改革，新课程改革在教育理念、教学方法、特别是在课堂教学实践方面对教师都提出了全新的要求。对一线教师而言，由于学校生源的差异与学校师资水平的差异，很多现实的教育教学困惑和具体问题得不到解决。海淀区高一数学组按“地域邻近、优势互补”的原则将全区几十所学校划分为七个片区，力求在全区统一教研的基础上以片区为单位开展区域教研活动，我所在的东片区域组对七所学校的数学教师在教育理念上的困惑、在课堂教学实践中遇到的问题进行了教学研讨和课堂教学实践。我负责教研活动的一些组织工作，有幸认识了首都师范大学数学科学学院博士生导师王尚志教授，参加了王教授组织的一些研讨活动。王教授非常关注教师的专业发展问题，提醒我们在教学实践中要注意进行研究，多做反思和总结，教学中要关注学生。从那时起，我便开始注意做一些教学研究，探索教学模式的改进，《把课堂的主动权还给学生》是我写的一篇论文，也是我的行动。我在后来的实践中，也取得了一定的成果，与附近几所学校的老师一起获得2009年海淀区教育科研成果一等奖、2013年获中国教师发展基金会教师科研基金“十二五”阶段性成果二等奖、完成“十二五”教育部规划重点课题子课题的结题，还主持了一项区级重点课题。中学的教育教学应注重培养学生的学习兴趣、接受终身教育的愿望与能力，要让学生养成好的习惯、具备自主学习的能力。

2012年，我有幸参加了在韩国首尔举行的第十二届世界数学教育大会，在“全球华人数学教育论坛”上，中国、英国、美国等国家的学者围绕华人数学教育的“投入”“产出”和“过程”三个方面展开演讲。英国南安普顿大学范良火教授的演讲题是“教师的专业成长”。他认为，中国教育的一大优势是数学教师职前培养的专门化和学科结构的专业化以及职后培训的系统化和多样化。但是也应注意加强数学教师与其他学科教师专业的交流，用其他学科知识丰富数学教育，防止割裂。在课堂教学方面，东北师范大学的马云鹏教授分析了中国大陆小学数学课存在的问题，马教授及其团队根据全国的观摩课和课堂教学比赛，对所搜集到的获得一、二等奖且具有可比性的典型课做了课堂分析并发现，小学数学课堂发生了许多好的变化，但是课堂教学的结构并没有发生太大变化，还基本上是“复习—教学—练习—小结”的流程，统计数据显示，课堂教学活动多以公共活动为主，主要还是教师提问学生回答的互动式教学。伴随着课程改革，多样的培训让一线教师对课程改革的理念内化为行动，在课程的开发和建设、教育教学的研究方面做了不少探索。开始关注以学生为本的课堂教学设计，从关注学生的“学会”转向关注学生的“会学”，教学设计考虑让学生最大限度地参与到教学过程中。

但是，什么样的数学课是一节好课？带着这样的思考，我成为海淀区名师工作站第三期导师制学员，参加了专题研讨，在一零一中学田老师的指导下开展课堂教学的研究与思考，在“练好基本功，上好常态课”活动中展示了研究课。课堂从基于知识，到基于能力，再到基于学生素养的提升，绝不仅仅是口号，而是要一点点落实到行动中。在站期间以及之后的时间里，有一位教师的教学观念深深影响了我，他就是海淀区进修学校教研员、名师工作站数学学科组长、特级教师张鹤老师。之前一次偶然的机会，张老师下校听课，恰好听了我的课，于是我便认识了张老师。“数学课要讲出数学的味道”，张老师的教学观给了我非常大的触动，不仅仅是教学的知识问题，而是观念的问题。如果数学教学只注重技能的训练，而学生没有理解数学的本质，数学思维能力培养就无从谈起。我很愿意听张老师讲教材分析，或者听他评课，总能听到本质的东西。听他评课时你不会用“好不好”来衡量自己的课堂，而是自然而然地讨论、思考数学问题，甚至感觉不到丝毫被“评”的感觉，即使讲得不够完美，你也会觉得“从失败中学到的东西足以令你非常兴奋”。张老师的两本数学专著我都认真读过，从关注数学本质，到研究数学教学的逻辑，随着张老师对数学教育、课堂教学思考的深入，我努力对照自己的教学，思考着我的课堂。数学教学要以学生为本，着眼于学生数学素养的提升。数学教学要让学生处在一个恰当的情境中，关注数学本质的理解，突出创新能力培养，促进学生核心素养的提升。

2013 年，我读了在职教育硕士，在这期间我更加关注教师的专业发展，在首都师范大学学习了数学教学理论与专业课程。在张燕勤教授的指导下，结合实践，进行了校本教研的实践研究。

2015 年我调入首都师范大学附属中学一分校，在这里，我开始深入接触初中的教学。这所学校的学术治校理念与书香校园氛围为老师的教育教学研究提供了非常好的环境。专家引领成为教师专业发展的重要途径，在梁校长这位数学特级教师的领导下，构建以校为本的合作的教师文化，学习共同体悄然形成，这一共同体倡导教师之间、教师与学生之间的讨论与合作，教师与专家之间的对话。这将一线老师置于更大的发展空间及平台之上，极大地促进了教师的专业发展，引导老师们从课堂教学进入到教学研究。章建跃、连四清等数学教育领域的专家走进数学课堂，与老师们面对面交流，高屋建瓴的指导，促使我在新的工作领域对数学教学进行进一步的思考和行动：在课堂教学中如何在立德树人思想指导下，落实数学核心素养的基本要求？“互联网＋”时代，数学课堂应该如何适应时代的要求？未来的课堂应该是怎样的？教师的角色又要发生什么样的转变？教育的变革带来的是观念的转变，未来的人才培养对教师提出了什么样的要求？这是我们所有教师面临的现实问题，也是我们努力的方向。

二、守正传承

自古以来，有教无类是教育的本职，因材施教是教育的方式。教书育人是教师的本真，教师的工作要遵循教育规律，在教书育人中与学生共同成长。学校教育以教学为核心，促进学生在学习方面的成长，教师功不可没。知识的掌握程度，往往可以被各种考试衡量，从成绩上被判断。从这个意义上说知识是显性的。但是，育人的效果，很难像这样被衡量。爱因斯坦有一句名言："一个人在智力上的成就，很大程度上取决于人格的伟大。"课堂不仅仅是让学生学会知识，更要关注对学生人格的培养。教育应留给学生什么？最重要的是什么？这是每个教育工作者都应该思考的问题。不久前与几个曾经教过的学生交谈，他们中多半高中毕业将近十年，早已参加工作，其中有高校教师、公司主管、中学教师、律师。我问他们，你认为学校教育给你留下最深的烙印是什么？他们的回答有些令我意外，他们认为品格的培养、习惯的养成(包括思维习惯)最重要，而知识本身对自己的作用并不突出。我请他们将自己的感想进行整理，很快他们将自己的"真实的思考"通过邮件发给我。我将他们最真实的想法展示出来：(出于个人隐私的考虑，隐去他们的真实姓名)

Y 同学，IT 行业，公司主管：

回忆起高中教育，班级氛围是我们多元化发展与探索优势的平台。一方面在思维上，激发我们的潜能，培育独立思考与创新性思维；另一方面在心智上，引导我们体悟个人成长与开阔人生发展方向。而这平台的核心驱动力，我想是源于集体的互相扶持与信任，也是对班级价值的认同与体悟。

1. 班级氛围：多元化发展的平台

如果说同一所学校毕业的人容易具有相近的气质，那么同一个班集体的人也有共同的一些特性。

在高中教育中，集体生活是大家主要的相处模式，而在班级模块化管理的背景下，同学之间自然地建立起了团队的意识。模块化的概念使得我们在思想、语言、行为、习惯以及生涯规划上不再是独立的个体，而是一个集体，我们将互相合作，同时也相互竞争。在小组内部，我们有机会更深入了解小组中每一个人的不同特质，进一步寻求自己在团队中的角色与位置；在小组之间，我们体悟到团队合作的加成效应，并经由竞争关系促进彼此互相成长。

模块式班级管理模式的引入，虽然在意识上强化了集体、削弱了个人，但更有助于个人的潜能与心智发展。因为弱化了以自我为中心的意识，淡化了以个人成绩论优劣的中学秩序；产生了自私自利与互利互惠之间的思考，产生了学习成绩以外的自我探索；进而同学间营造出一种班级氛围：在相同特质下互相临摹与突破，在不同特质中相互碰撞与激发，这是一个多元化发展的平台。

2. 激发潜能：培育独立思考与创新思维

在班级氛围中，少了主观的自我中心，多了客观的独立思考。班级行为规范可能会鼓励大家积极、优秀、自律，但我们有共同的默契：不希望自己是一个自私的人。原因很简单，一方面这是一个归属感比较强的集体，赞扬与否定多半是以班级、小组为对象；另一方面，这是重点班，杰出的学生大有人在。因此，自我很难形成中心，自负也就缺少了基础，全局视野下更能以客观的角度发掘自己的优势与劣势，考虑问题更加全面与深入，进而培养我们独立思考的能力。

当成绩不再是唯一标准，创新思维有了发展空间。升学成绩仍是目前高中阶段很重要的目标，但我们的班主任不鼓励张贴成绩排名，考场的座位也不是根据成绩排序。因为在这个班集体中成绩不是唯一的检验标准，它重要但不是核心。“如果是我，如何做得更好?”这是我在高中期间常常在想的问题。不只是学科能力上的学习方法，个人的时间管理，还包括策划、演示、沟通等。如果有一天这件事是由我来做，希望我能做得更出色，而出色需要日积月累的努力，需要敢于创新与探索的实践经历，需要学习成绩以外的自我发展空间。

3. 引导心智：体悟个人成长与发展方向

对错与否不是谁说了算，鼓励表达你的看法。记得很深刻，有位同学因为某件事受到了班主任的批评，而班主任描述完事情与自己的看法后，鼓励同组的同学发表作为组员的看法，并特别看重同学们侧面观察的评价，目的是让大家一起帮助这位同学分析原因、解决问题、感悟成长。班级事务从来不是老师说完就定论的，老师希望通过一个问题、一个事件，开放大家思考、讨论的空间。

我认为这种管理模式对于班集体信任机制的建立起了催化的作用，因为让大家由衷地感受到，班集体的出发点是为了帮助我们成为更优秀的自己，从而积极参与、融入集体、相互信任。

思想自由、兼容并包。没有人能被所有人认可，也不需要寻求每一个人的认可。在班集体中，免不了意见的分歧与性格的冲突。但在班级中认同与支持是以两种不同的概念存在，认不认同是在思想意识上的见解，支不支持是团队与人格的考量。因此，想法不同的同学之间也可能是互相支持的，小至相处模式、生活习惯，大至价值观、人生观、世界观。在我看来，多元与开放的班级氛围，能延伸出思想自由、兼容并包的心智。

扶持与信任，班级价值的认同与感悟。高中升学是成长过程中的一个重要里程碑，面对升学压力，以及在不同大学之间的双向选择，相信大家都曾拥有过质疑自己能力与焦虑未来方向的过程，但也只有自己才能将过去软弱的自己带走。现在回忆起来，迷茫下的动力核心主要是同学间的相互扶持，以及学生与老师之间的信任。

而扶持与信任需要的是相互认同的基础，进一步分析，我想这份扶持与信任源于对班级价值的认同与感悟，源于相互欣赏的风气，源于敢言的直率，源于对成长的理解。从而每个人由思想、语言、行为、习惯以及生涯规划各个方面的切身经历中感受个人的成长，思考人生价值，希望彼此都发展得更好。

一路走来，同道之人未曾走远，育人理念深入胸怀。

高中毕业将近十年了，当初在同质化中临摹，差异化下碰撞：从群茂身上看到了不拘小节的号召力，从琼翔身上观察到了时间把控的自制力，从日轩身上了解了直言不讳的魄力；另一方面，也从卢丛身上理解了助人与义气，从王迪身上学习到标新立异的想法与勇气。这些同学是我的朋友，我们至今也都保持着联系。

还记得班主任赫老师常提及的“磨刀不误砍柴工”“做事赶早不赶晚”“让优秀成为习惯”“细节决定成败”，这些话看似是生活上的引导，但更深入看其实是期许与关爱的表达。如果一位园丁不是由衷地期许与关爱园子里树苗的发展，怎么会同你在学业上、生活上、感情上分析问题、解决问题，并这么积极地想要参与你的生涯规划？在我看来，这些话是一份不求回报且隐含期许与关爱的表达。

在工作中我也有机会带下属了，而这份育人理念已延伸至我的管理理念。希望我能帮助我所带过的每位下属更好地认识自己的特质，我也乐衷于参与他们的职业发展规划。如果扶持与信任是互相的，那么，我相信期许与关爱也是互相的。

回忆起高中教育对我的影响，班级氛围是一个平台，它激发了我的潜能，引导了我的心智。是我后来大学本科与硕士教育的思维辨析与内心成长的重要基础，也是影响我职业生涯与人生规划的基本因素。

W 同学，北京电影学院教师：

人的一生会经历不同的时间段，从幼儿园到初中，到高中，到大学，到走上社会。不同的时代对每个人来讲都有着不同的意义，这些时代中经历的事情无形中都在影响着每个人的工作与生活。如今我已成为一名大学老师，每当我面对年复一年的艺考，面对那些刚刚从高中时代跨入大学一年级的新面孔时，我总会想到我自己的高中时代，会想到当年我也跟他们一样怀着忐忑的心，踏入大学的校门，接受正规的高等教育。

谈到教育，不得不说，教书育人是每个教育工作者最基本的职责。在我看来，教书固然重要，但育人才是重中之重。作为一名大学老师，看待高中时期教育的角度可能会有所不同。在我看来，中学时期除了固有的教学，保障成绩以外，更应该去培养学生的独立人格，树立良好的榜样，教学生如何做人。做人的面其实非常广泛，大到是否爱国，是否遵守法律，小到过马路是不是看红绿灯，与人见面是否遵守时间约定。

我所在的高校是北京电影学院，这所学校和一般的高等院校还是有所差别的，学校的体制、风格都与传统的综合类高等院校不同。学校为了让学生在创作期间思维不受到限制，对学生从不做固定化教学。从上大一开始就“放纵”学生，宿舍不断电，上课不打铃，课程的成绩主要以学生的作品来打分等等。在电影学院里广泛流传的评价方式其实是用“靠谱”二字来评价的。什么叫作“靠谱”呢，其实不是你的专业有多么的强，更多的是看这个人做事的态度和做事的细节。以我的专业为例，“靠谱”说明此人容易合作，在整个影视制作过程中会很容易相处，只有这样，团队才会接纳这个人。高中时期，“态度决定一切”，“细节决定成败”这两句话深深影响着我。从一个人做事的态度和对待细节的处理方式能看出来这个人是否靠谱。举一个真实的例子，一个商业剧组开机去郊区拍摄，团队约好了8点在学校车队集合，而8点的时候摄影组没有出现，制片部门当即决定即使没有摄影，也要准时开往拍摄现场。摄影组因迟到自行前往拍摄场地，当众向团队所有部门道歉并支付延误的设备费用。事后，该摄影师再也没有接到过大规模制作团队的邀请。由此看出，从守时这种看起来很小的事情，也可以看出人的工作态度以至于推断合作者的靠谱程度。

之所以举上面的例子，是想说一个人的做事态度和对待细节的处理方式可能直接等同于会不会做人。这些细节可能直接影响到每个人的成败，从而影响每个人的人生。随着踏入社会的时间越来越长，我越来越感受到社会所带给我的压力，越来越感受到很多人价值观的轻微扭曲和变形，但如果在中学时期初步形成一个正确的价值观，那么在未来的道路上即使遇到压力也会让自己往正确的方向去发展。中学时代往往是青少年的青春期，容易出现叛逆和逆反心理，学生在情感上、成绩上都不稳定。也正是因为其特殊性，中学时期成为习惯培养、人格人品培养的最佳时期。教育工作者应该树立一个良好榜样，弘扬正能量，在固有的知识教学以外，更多的是给学生正确的做人方法和准则，让学生初步形成正确的价值观，完善自己的品与德，建立自己的道德底线，让处于不稳定青春期的孩子往正确的方向健康发展。

L同学，中学数学教师：

去年九月份高一新生入学，年级主任说这批学生很浮躁，有没有好的活动让他们平复一下浮躁。我提议做一次“人生规划”。对于新入学的高一的学生来说，现在他们对自己的人生是迷茫的，这并不奇怪，几乎没有几个十四五岁的孩子，会想到他们十年以后的样子，甚至是现在的二十四五岁的青年，他们自己也没有一个很详细的人生规划。这时候让高一的学生做“人生规划”可能不会是学生最后的人生选择，但最起码会让他们了解到，未来我可能要从事的行业需要什么，而现在我需要为未来做些什么准备。

活动进行得还不错，学生浮躁的心沉稳了许多。学生的规划也很“丰富”，有视频制作人、音响师、画家、运动员，当然还有警察、律师、教师等。听着一个想做教师的孩子的陈述，我不禁想到我自己，我在他们这个年龄时，很迷茫，根本没想过我会做教师，也没想到我能做教师。那时的我，留长头发，穿破洞牛仔裤，曾经还一度想打耳洞。教师本应具有的自信、踏实、沉稳、有耐心、学高为师、身正谓范跟当时的我一点也不沾边。然而我却成了一名教师，一名“很有追求的青年教师”。我的高中生活是我人生的转折。

高一入学时班主任赫老师推荐我做了体委，我之前从没有当过班干部，因此没有自信能做好。作为新手体委我不会整队，老班(班主任)总是鼓励我“你可以的”，于是我就在体育课上看体育老师整队，上操时看别的班体委如何整队。我觉得自己慢慢可以了。在高中担任三年体委，我组织了全班三次担任校运动会“红旗班”，很多老师都说“都高三了，你们都不放过一班，还让他们做红旗班”，体育老师说“交给一班，我们省心，我们放心”，对于课间操，体育老师说“一班是最好的，没有之一”，一班课间操永远是最整齐的。

新教师入职的第一个月，我就毫不犹豫地接受一个重要任务：北京市“少年先锋岗”活动，我想当时的那份自信来自于学生时期当体委的经历。

同事说我干事沉稳、耐心十足，不像一个新毕业的大学生。说起耐心，不得不提起数学作业的“改错”。高中时我的成绩不是太稳定，很大一部分原因就是我没有耐心去重新改一遍做错的题，感觉理解了就行了，但事实往往不随我愿。老师要求我认真改错，分析错因。我的作业本上许多的批语就是改错，改错，改错，在一次次的“要求”中错改了，急脾气没了，耐心慢慢有了。

学数学的经历让我养成了一个好习惯——认真、耐心、有条理。2015 年创建文明校园整理材料，办公室的女同事对着一遍一遍要整理的材料“恼羞成怒”，看见我一脸的淡定，佩服地说“你真有耐心”。

“一把钥匙，开一把锁”，高中的老师和我们的集体打开了我这把有些“生锈”的锁。我在学校除了教学还做团委的工作。学生会主席说，“杰哥，这个该怎么做?”体育部长说“没组织过运动会，该怎么设计?”团支部书记说“没做过团课，团课该怎么规划?”我的回答是“你可以的”。我知道这是对学生最好的鼓励。

学校教育每时每刻都在潜移默化地改变着你，老师的教育教学艺术对孩子的一生都有影响。

Q同学，执业律师：

我学习法律8年，从事律师工作3年。当初高中毕业时，本打算毕业后从事警察工作，心如所愿考入了警校，但阴差阳错被分到法律专业，在此之前我脑海里几乎没有任何法律概念，也没有律师的概念，只是简单理解法律是文科专业，需要背很多很多法律条文。对于我这个理科生来说简直就是“噩梦”的降临，这场“噩梦”可能将改变我的一生。就此谈谈我学习法律和从事律师工作过程中的一些感悟。

法律人强调逻辑思维。大一刚入学，我就感觉到噩梦的来袭，第一学期开设宪法、法制史、毛概、思修、马原、大学语文等必修课，全都是要背的课程，对于我这个理科生，最痛苦的就是背，高中时选择学理科，文科课程应付完了会考，就彻底告别了，现在又要背这些，痛不欲生。每天的课程就像听“天书”一样，一个学期便梦游般地度过了，眼看就要第一学期期末考试了，想着怎么着也不能第一学期就挂科，考前两周连夜背书，什么法律概念、定义、条文、规定……背了这、忘了那，最后总算稀里糊涂地通过了全部考试。第二学期开设民法、民事诉讼法、刑法、刑事诉讼法、法理等必修课。在学习这几科的过程中，当年学习数学的感觉一下子唤醒并打开了我的法律之路。法律的案例分析就像解数学题，从案例中提取事实要素就像题目中提取已知条件；法律中的法条就像数学中的公式，法律案例需要以法律规范为大前提，以案件事实为小前提，运用三段论的推理方式得出案件最后的结论，而数学的某些题如出一辙，需要已知条件和相关数学公式，加以逻辑推理得出最后的结果。学习方法找到了，再背法条时就不像原来那样机械性记忆了，而是结合案例来理解性记忆，这样不仅记忆准确，而且能举一反三应用法条。高中时训练的理科逻辑推理思维被我植入到了法律中，虽然从记忆的速度上还是比不了班级中文科学霸，但从法条应用、结论推理上，一点也不逊色于他们。至此我便深深地爱上了法律，也改变自己当初的理想，决定向律师方向努力。

法律人意味着学无止境。自从通过了司法考试，我便毅然决然地选择了律师工作。从事律师工作之后，才知道自己的知识储备是如此的匮乏，也明白了律师工作就是一条不归路的含义。法律法规的新增和修订你需要学习，案件涉及的法律知识你需要研究，案件涉及非法律的背景知识你需要了解，办案过程中你还要具备与当事人、法官、检察官、公权力部门人员、对方律师等沟通交流的能力。例如，律师办案过程中，案件前期需要律师与委托人沟通并签订委托合同；案件准备时需要律师分析案件事实情况，研究与该案有关的法律条文，通过法律逻辑搭建案件承办思路，组织收集案件证据材料；案件开庭时需要律师与法官、检察官、对方律师等辩论交流，提出自己的观点并加以论证，得出最终的结论。中学时养成的学习习惯，训练的思维方法，参加集体活动培养的组织能力、沟通能力、交流能力，对现在的工作具有潜移默化的影响。

“明天辉煌的你一定会感谢今天拼搏的自己”，我一直把这句话作为自己的座右铭。现在回想起当年的所作所为，无不映射出今天的痕迹。

X 同学，IT 行业，公司主管：

距离高中毕业已经有十年了，回忆高中生活，学习是永恒的话题，但是这三年，我觉得最重要的还是人的成长。如今的我，时常还会想起高中时的情景，历历在目。

1. 最难忘的是高中生活

有人说，人一生中记忆最深的就是高中这个阶段。我想是的，高中生活不仅仅有学习，还有很多记忆深刻的事情，在这里除了可以学到很多有用的知识，可以结交很诚心的朋友，也可以参与很多有意思的活动。我很庆幸，我的高中是在一班，而且有一群很好的老师。在这里，我们一起努力建设一个优秀班集体，我们一起开展模块化班级管理，我们一起成为全校考试免监考班，我们一起做公益，一起参加实践活动，等等。这一幕幕都是属于我们的美好回忆。

2. 最感谢的是老师

我的班主任是一位数学老师，至今我对老师的每节课还记忆犹新。记得老师在教几何的时候，经常会带一些立体模型给我们做直观的演示，或者给我们找一些现实中的物品举例，让我们有个直观的感受，本来数学是很枯燥的，但因为这样，大家都有了很浓的兴趣，也让我觉得学数学是一件容易的事情。记得每次下课或者休息的时候，老师都会来到班里督促大家起来走动走动，到窗外呼吸新鲜空气，或者擦擦黑板劳逸结合，大家也就逐渐养成了这个习惯，直到现在我也一直保持着。每天工作都在电脑面前，也经常会碰到难题，这时我就会出去走走，在不经意间也许问题就迎刃而解了。还记得几次模拟考试后，老师发现我的英语相对其他科有一定差距，便请英语老师给我补课，慢慢地，英语成绩也有了很大的提高，老师对每个人观察得都很仔细，总能在我们需要指导或遇到困难的时候给予帮助。还有很多事，我觉得老师不仅教会了我知识，更让我养成了很好的习惯，给我的成长上了重要的一节课。

3. 最遗憾的是高考

高考考的是什么？是知识的较量，还是心理的较量，我认为这两个都有。很多人从上高中起，就是以高考为目标的，我也不例外，经过高一高二的知识积累，自从高三开始就进入了备战高考的状态，大家都梦想着有一个好的结果，也都为之努力着，可为什么说高考是遗憾的呢，记得上高三时的一节班会上，老师让所有同学说说理想的学校，大家都畅所欲言，现在还能清晰地记得当时的情景，可惜的是最后没考上理想的学校，每次想起来总有点遗憾。后来总结高考，也许是努力不够，也许是看太重了。记得在高考前看到书上都说对待高考要有平常心，和普通考试一样。我当时虽然懂得，但心里仍然把它看得很重要。现在当我走过来时，我想说，高考固然重要，但要考好，需要我们以平常心对待，不要期望考试时有超高水平发挥，因为这可能会带来额外的负担。

回头想想高中生活究竟给我们带来了什么？是知识的增长，是习惯的养成，是个性的发展，更是心智的成熟。现在当我以过来人的身份重新诠释高中生活的时候，心中已经坦然很多，其实人生就是这样，我们成长道路上难免会磕磕绊绊留有遗憾，与其对之前的遗憾耿耿于怀，不如让今后的生活中留下最少的遗憾。

从学校到社会，学生得到学校的教育，更得到社会的锤炼。学校给学生以知识、学习能力，让学生不仅要学会学习，更要学会成长。所以说，教育需要培育人格，帮助学生形成健康的身心、良好的习惯、高尚的品格。每一位教师需以自身的职业素养，在尊重教育规律的基础上重视育人工作。

1. 维护良好的教师形象

叶圣陶先生指出，教育工作者的全部工作就是为人师表。为人师表是教师职业道德的重要特征。教师以自身的知识、思想、情感、信仰、道德、习惯和才能，通过具体行为去影响人、教育人。这种影响和教育往往是无形的、深刻的、长久的，常常决定着学生一生的发展方向和发展水平。“言传”“身教”是教师劳动的显著特点。大教育家孔子说得好：“其身正，不令而行，其身不正，虽令不行。”这就要求教师要努力塑造自己的师表形象。教师，作为学生灵魂的塑造师，需要有使命感；教师，作为教育的执行者，承载的责任是特殊而艰巨的；教师，作为学生的陪伴者，他的一言一行既可以给学生带来美好的回忆，也可能给学生带来永久的伤害。在每一所学校，每一个课堂，每一位老师都有自己的形象，这种形象成为在学生中的“声誉”。对新一届学生而言，在你教他之前，或许他已经从上一届学生中获得了你的信息。学生们会私下里给老师定位，哪些老师是和蔼的，哪个老师最幽默，谁最关心学生，谁对学生最“苛刻”。老师要维护好自己的形象，因为形象一旦形成，改变都很难。我对维护良好的教师形象很在意，兢兢业业，尊重学生，爱护学生，让自己充满激情面对学生。学会调控自己的情绪，不把情绪带进课堂，无论发生了什么事情，都要努力使自己微笑着面对学生，始终对学生热情、耐心。

高标准、严要求是我的特点，学术上的高标准、行动上的严要求，带来的是学生的最佳状态和最佳成绩，让孩子们体验到的是成就感。学生也都知道我做事追求精益求精，不会敷衍了事，所以自然也提高对自己的标准，经常有老师开玩笑说，你的学生一眼就能认出来。两年没见的一个同事来我的新单位看我。她是学校德育主任，也许是工作习惯，在去办公室的路上，看见教室的门都开着，她就一个教室一个教室地看，走到最后一个教室，她对我说：“这一定是你的班级!”我问她怎么知道，她告诉我：“这个教室环境与众不同，从物品摆放到墙壁文化都很有内容，这是你的风格!”我很受触动，这间教室的每一处都是学生们布置的，也许有了第一学期的经验，这学期孩子们一点都没让我费心。教育本质上是对心智的训练，一个养成了好的素养的学生，应知道什么是该做的，该怎样去做，他的素养在日常行动中能够体现出来。在学校里，对学生的教育，老师是最好的教材。

2. 提醒自己为什么当老师

如果有人问我：“你最得意的事情是什么?”我会自豪地说：“我选择了做教师!”成为一名人民教师，是我从小的追求。如果说当初选择这个职业是因为效仿心中仰慕的对象，那么随着教师经历的加深，我逐渐真正理解自己埋藏在心底、埋藏很深、深得自己都没有发觉的那种责任感和使命感。当我看到学生们的进步时我比他们更兴奋，当我看到学生们在求学的道路上又迈上了一个台阶时，我与他们一样多了份自信。毕业若干年后，已经成家立业，小有成就的学生还像当初一样与老师回忆学生时代的成长，心怀对母校的留恋、对老师的感激，对教育的回馈，我作为老师，那份责任变得沉甸甸！初为人师，与小朋友们一道喜怒哀乐；久为人师，传递的是使命和责任。经常扪心自问，我能给学生带来什么？因为我的存在使周围的世界更加美丽。于是，在我的眼里，每个学生都是那么可爱，那么美丽。于是，我成了学生最好的朋友，陪伴他们成长，陪伴他们成人。当某些时候，自己感到压力，觉得无法胜任工作，或者有些懈怠，我会停下来，提醒自己为什么当老师，于是我便又很幸福地重新开始我的征程。

3. 在学生当中以身作则

哈佛管理箴言告诉我们，作为企业的管理者，不能自律，就无法以德服人、以力御人，如果无法取得员工的信赖和认可，将必败无疑。优秀的管理者必须明白，要求下属做到的事，自己必须首先做到。同样的道理，从某种意义上讲，老师也是管理者，是班级的管理者、是课堂的管理者、是教育的管理者。“以身作则，率先垂范”是对教师最起码的要求。在平时的教育教学中，教师的一言一行均是学生的表率。学生，尤其是低年级的学生往往是从老师的身上来判断、了解什么是对，什么是错；什么可行，什么不可行。教师和学生朝夕相处，教师的举手投足，学生都看在眼里。如果不能率先垂范，很难让学生信服。

教师应该给学生传递什么？教师首先应该是个正派人，做人光明磊落，言行一致，表里如一，把言传和身教有机地统一起来。想要在学生身上看到的东西，首先应该在自己身上看到。只有言行一致、表里如一的人，才能真正让学生做到这一点。教师对工作认真负责，精益求精，学生也会高标准；教师对工作马马虎虎，生活邋邋遢遢，学生就会这样要求自己；教师要求学生热爱集体，首先要反思自己是否对这个集体倾注了作为教师的责任和爱；要求学生热爱自己的国家，要反思自己的言行是否给学生做出了榜样。

“学高为师”，在学生的心目中，教师这个职业是神圣的，有很多学生把将来当一名教师作为自己的理想职业。教师不仅应该有高尚的师德，还要具备广博的知识，严谨的学术风格。课堂上让学生收获什么？知识固然重要，但当他们走出校园若干年，这些知识可能都会被遗忘，剩下的东西才是真正的教育，在教学中老师应该着眼于对学生能力的培养，关注学科素养也就是在关注学生的未来。

教师教的是现在的学生，培养的是未来的人。“每一天，对学生，我们帮助他们提高了什么?”这样的反思使我对每一天的工作充满责任感，对今后的工作充满期待。曾经看到过一次属于教师的颁奖典礼，“肩负使命，承担责任，心里始终装着孩子，装着他人”，在获奖教师看来可能是再平常不过的事了，这样的平凡的事，在教育的世界中却是一种令人动容的师德情怀，是平凡而又非凡的坚守。于是就不难理解，一个学生在毕业之后的漫长岁月里一直对他的母校，对自己的老师心怀感恩，始终不忘。学生时代的思想烙印深深地刻在他的心里，教师赋予他的正能量促使他回馈社会。

4. 家长是老师的合作者

老师避免不了与家长接触，教育不只是学校的事，而是学校、社会和家庭共同的责任。一个老师，不能改变社会，也不能决定社会对孩子施加什么影响，然而我们可以与家长建立良好的教育通道，进行教育上的合作。教育要起到好作用，应该和家长建立经常性的联系与合作。因为父母才是孩子的第一任老师，父母的教育对孩子的成长起了不可估量的作用。因而，我们应和家长建立联系，进行教育上的合作，让孩子在一个充满关心、爱意的氛围中成长。

对家长的定位是什么？家长不是教育的对立者，而是教育的合作者。我们需要家长协助，我们也要协助家长。尊重家长是合作的基本要求，能够提出合理性的建议更是合作的基础。有了这样的认识，就不会学生一有错误就立刻向家长告状，家长一有不同意见就把人家放在对立面。

“与每一位家长接触的时候，都要认为他们是为了自己孩子好，然后与他们为了这个目标而倾情合作。他们生气的时候，善于倾听，必要的话，让他们发泄一下，然后让他们知道，你非常愿意解决问题。记住，一定要谈孩子的优点。经常与家长保持正面且积极的接触，这样偶尔有问题的话，他们也会很乐意与你合作。只有相信你真的关心自己的孩子，他们才更有可能给你真正的支持和帮助。即使在家长会上有的家长跟你的意见有分歧而拂袖而去，也要保证让他在那一刻知道其实你很专业，也很冷静。你可能无法控制一位家长在生气时的反应和表现，但你必须能控制自己的反应和表现。”这是安奈特·L·布鲁肖给老师们的建议。说真的，工作二十多年，接触了许多家长。在电话还没有普及的时候，当时手机是奢侈品，老师与家长的联系是面对面的。那时我经常骑上自行车去家访，有时一学期下来班里每个学生的家我都去过，了解、沟通、解决问题，与家长的合作很愉快，也很见效。信息时代，沟通方式变了，传统的家访也在不断被新的方式替代。但我和家长的合作依然很畅通，因为我们对教育的追求、对孩子们的爱一如既往。学生来自不同的家庭，每个家长的文化水平、素质、修养不同，各个家长对学校教育的配合程度自然存在很大的差异性，有时我们甚至会遇到一些粗鲁的家长，这就要求我们接待不同类型的家长时必须讲究沟通的艺术。

对于在思想和品行方面需要特殊关注的学生的家长，要注意了解家庭环境，倾听他们的意见，多运用同理心与他们交流，齐心协力，共同做好对孩子的教育工作。对于简单粗暴的家长，多谈孩子的优点，使学生家长能够看到孩子的发展前途，改变对孩子的态度，引导他们主动参与对孩子的教育。同时，还要委婉地向家长指出简单粗暴对孩子的影响，让他们明白，在一个缺乏爱心、充满暴力的家庭中孩子是很痛苦的。从而增强家长对子女的关心程度，加强家长与孩子间的情感交流，为学生的良好发展创造一个轻松愉悦的环境。对于成绩落后的学生的家长，我们需要帮助家长树立对自己孩子的信心。教育不能仅仅用成绩来衡量学生的优劣，教师更不能用成绩来否定一个学生，我们要做的是尽量发现学生的闪光点，发掘其潜能，让家长看到孩子的长处，看到孩子的进步，看到希望。只有家长对自己的孩子有了信心，他才会更主动地与老师交流，配合老师的工作。

总而言之，与家长的合作和沟通，最为关键的是要以诚待人，以心换心，同时努力提高自己的道德修养和理论水平，这样才可以架起心与心之间沟通的桥梁。

三、开放创新

经常听到周围的老师们调侃一些人们对教师的误解。有人说："你们老师多好，每天上完两节课就没事了。"此时，老师们便无奈地补充一句："不仅如此，我们还有寒暑假呢!"只有做了教师，才有真正体会。教师每天课堂之外更多的是思考、准备，我们要为课堂做准备，虽然一节课只有短短的四十分钟，但需要为这四十分钟做很多准备。教师是一个特殊的职业，做的是育人的工作，随着时代的进步、教育对象的变化，需要不断更新观念，不断提升专业能力，遵循教育规律，探索有效的教育教学新途径。

"做有思想的教师"是钱理群先生给李镇西老师的话，无疑，李镇西老师是一个有思想的老师。他在班级民主管理、学科素质教育方面成绩卓著。李希贵校长是一个智者，他的教育思想带动了教育改革。数学特级教师张鹤也是有思想的人，他的"观念性教学观"在数学教育中带动了一批新生力量的成长。与他们相比，我充其量只敢说让自己是一个有想法的教师。

正像李镇西老师所说，思想源于激情。一个一直致力于一线的教师，对教师的职业充满激情、期待的教师，会不断思考、不断更新观念。这种思考来自于对教育事业的热爱，对社会的责任，和对学生的期许。来自于对专业素养的不懈追求。我们的教育为谁服务？我们的课堂为谁而教？学生从我们这里学习什么？我们能够教给学生什么？我们怎样让学生成为适应时代的学子？这些问题伴随着我前行的脚步。从学校毕业到站上讲台，从模仿优秀教师，到形成自己的个人风格，需要的是在学习中历练，在实践中探索。对教育规律的实践，对学科本质的探寻，学习英语、研究数学，三十岁激情不减、四十岁继续读研，激情伴随着我的行动，教育实践伴随着自己的思考。

在工作中，总是不断地有新的想法，于是便有了研究。这种研究包括研究学生、研究教材、研究数学。

有人问我，"你早就是高级教师了，为什么还那么拼?"在我心目中职称只是我追求教育事业道路上的一处风景，是督促自己不断前进的加油站。在教学中，教师要把培养学生的学习能力作为着眼点，积极进行课堂教学模式的探索和研究，引导学生形成有效的自主学习方法。研究教材，研究学生，立足课堂，运用自主探究式课堂教学模式，为学生搭建有效学习平台，指导学生构建自主学习的有效学习方法，使得不同层次学生的能力在原有基础上得到提升。

每一个学生都是一本教材，每天我们都会翻开新的一页，其中充满教育的智慧。品德优秀的学生是正能量源，他们是品德修行的活教材，他会让你每时每刻都在吸收正能量。成绩优秀的学生是推动力，他会促使你更加深入地去思考和研究教学。后进生是朋友，他会让你体会什么是真正的爱。公正地关爱每一个学生，为了每个学生的未来着想，这是最好的师德修养。我读过《做最好的老师》，这本书给我最大的启示是，要做一个爱学生的老师。要做最好的老师，就要带着“爱”这个教育理念行走在教育道路上。爱教育事业，把教育当作自己的一项事业；爱学生，用真正的爱去对待学生，为学生的未来服务。未来的人才，不仅要具有高深的科学文化知识，更要具有高尚的思想品德修养，还要具有良好的心理素质，这就要求学校教育既要关注文化知识的传授，也要进行品德修炼，培养他们乐观向上的精神，教给他们做人的道理，形成良好的心理素质。教师不仅要教书，更要育人，努力完成每一个学生的人格塑造，为祖国培养出全面发展的高素质人才。

随着社会的发展、科学的进步，在教育改革形势下，教育观念、教学内容、教学方法、学生的学习方式等都被赋予了新的内容。作为教师，必须与时俱进，在教学中反思，在反思中不断学习和研究，在学习研究中提升自我。教师水平的高低不能仅仅局限于知识的储备方面，更重要的是教师对教育教学的研究。教师只有具有研究意识，掌握教育教学规律，才能使自己真正成为教育智慧的分享者和创造者。

2001 年，我在班级管理中创建了“模块式班级管理”。“模块式班级管理”是在“班级自治，和谐发展”班级管理理念中摸索出的一种以学生为主体的、民主化的班级管理模式。自 2001 年起，实验并完善这种管理模式，取得了良好的效果。班集体无论在学习上还是在活动中都有非常鲜明的特色，所带班级获得北京市优秀班集体、校级优秀班集体、特色班集体等多项荣誉称号。自 2007 年起，随着新课改的不断深入，我在校本教研工作中进行了新的思考和有意义的探索，与区域内几所学校的数学教师在教研员的指导下通过开展公开课、研磨试题、专题研讨、课题研究等形式的教研活动，形成新的校本教研氛围。这种合作教研创新了校本教研模式，受到教育专家的高度肯定。

四、职业精神

遵守职业道德可以成为合格教师，而要成为优秀教师就必须确立职业精神。职业精神的实践内涵体现在敬业、勤业、创新上。职业道德是根本，职业精神是灵魂。恪守职业道德能保证把事情做对，树立职业精神能促进把事情做好。一名优秀教师之所以优秀，是因为他们有与众不同的职业精神。很幸运的是从学生到成为教师，我遇到很多优秀的教师，他们对我的影响是巨大的。

第一，敬业是优秀教师的最大特点，也是职业精神的核心。

那些优秀教师，从新手到优秀教师乃至到专家，伴随他们的是执着追求、不懈努力、敢于尝试、勇于创新、擅于总结、勤于动笔的敬业精神。2001 年我随我的老师去拜访徐利治教授，八十多岁的徐老对三尺讲台仍充满期待，他认为教授也应该给本科生讲课，同时对我们年轻人寄予厚望，希望我们在岗位上努力探寻数学的奥秘。现在想来非常后悔的是，我没有跟徐老进一步学习。但是他那种对数学精湛的理解，以及“对这个充满无穷奥秘的数学王国付出一生去追求，90 岁高龄仍徜徉其中不乏建树的”的精神是值得我们这些后辈学习的。

第二，实现自我价值和职业理想是优秀教师成长的动力。

优秀教师本身是一个学习者，总是渴望获得新东西，扩展自己的知识基础。他们淡泊名利，追求学术成就，通过不懈的努力实现自我价值和教育理想。因此说，好教师永不满足于现状，最好的教师永远是学生。我们的校长是一位数学特级教师，她虽为校长，但却没有被行政事务束缚，一直坚持上课，也经常跟我们谈论学术上的问题，带领大家进行教学研究。她本身是学习者，带领老师也成为学习者。在他的带领下，学校培养出一批批骨干，在这种研究氛围中，老师们不用扬鞭自奋蹄，年轻教师脱颖而出。

第三，追求教育的本质是优秀教师永不停歇的脚步。

陶行知说：“教育即生活，生活即教育，教育即习惯。”雅斯贝尔斯在《什么是教育》中这样阐述教育：“教育的本质意味着：一棵树摇动另一棵树，一朵云推动另一朵云，一个灵魂唤醒另一个灵魂。”教育不应是强加的、被动的、灌输式的，而应该在潜移默化中施加影响，在生活中通过浸润、感悟、传承。优秀教师遵循教育规律，深谙育人之道。2012 年曾有幸获李希贵校长赠送的《学生第一》，拜读之后，我觉得自己就像是一名学生，在李校长的课堂上尽享教育的真谛。从班主任到校长，他总是把学生放在最核心的位置，给他们搭建舞台、提供空间、创造条件，为学生创造了真正属于自己的学校。我作为一个班主任，从李校长的书中学到的不仅仅是方法，更多的是一种对教育对象的尊重、对教育的尊重。尽管以我个人能力不可能理解的那么透彻，但至少可以感觉到一个教育家对教育的诠释。

第四，对学科素养的追求是优秀教师的学术修炼。

扎实的专业知识、宽广的学科视域、丰厚的文化底蕴是优秀教师的明显特点。他们能做到这些是因为他们具有敬业的精神、成长的动力、教育理想的追求。作为数学老师，我总是在问一个问题：我的数学课堂究竟要带给学生什么？恕我愚钝，我始终没有找到最满意的答案。但是当我遇到了海淀区进修学校特级教师张鹤老师，我似乎有了些答案。数学不是教给学生一些现成的结论、碎片化的知识和一些解题技巧，而是要教给学生最本质的数学。张老师在长期的教学实践中关注的是数学教育的本质和数学学科的思维特征。作为教研员，更着眼于一线教师的需求，开始进行对教学逻辑的思考与研究，形成了独特的教育思想。“数学的本质”“数学思维”“观念性教学”是张老师在与教师的对话中常出现的词汇。仔细阅读张老师的专著，我对数学的理解越来越深刻，对教学的反省也越来越多。

优秀教师固然有其独特的个人魅力，但他们的职业精神却是共同的，职业理想、职业态度、职业责任是我学习的榜样。

第五，为自己不断设立目标。

著名的教育学家苏格拉底曾经说过：“当我们为奢侈的生活而疲于奔波的时候，幸福和生活已经离我们越来越远了。做人要知足，做事要知不足，做学问要不知足。”安奈特·L·布鲁肖说：“面前是一条岔路，何去何从？我四顾茫然。但是，心中没有目的地，就算到了那里，我也不知道。”我认识的一位优秀教师曾经对教师发展问题专门做过梳理和研究，并在联片教研活动中与其他数学教师达成共识。教师专业发展不是一个简单的、线性的递进过程，而是一个螺旋上升、反复的前进过程。她将教师专业发展划分为如下四个阶段：

初为人师 ⇒ 站好讲台 ⇒ 站美讲台 ⇒ 超越讲台

教师专业发展强调教师对自己职业发展目标做出设想，通过学习、进修和对实践的反思、改进等来提高教育教学能力，施展才华，最大限度地实现自己的教育价值。因此，教师专业发展的目标和效能在很大程度上取决于处在不同发展阶段的教师自己的职业生涯规划，这就带来了阶段性的策略需求：

(1)从初为人师到站稳讲台阶段：适宜多倾听、记录和借鉴甚至模仿的磨炼阶段

一般来说，新教师从初出大学校门到在中学里站稳讲台，因人而异往往需要3～5年的磨炼。在这一阶段，新教师需要面对三大境况：一是要面对自己学生的角色到终日与半大孩子为伍的中学教师的角色落差，期间甚至还包括要适应生活环境和节奏的变化；二是要面对处在信息爆炸时代的视野日渐宽阔且心智成长和变化十分迅速的学生；三是对教学内容的不熟悉和课标的不了解。这个阶段教师在讲台上的最大特征是他的注意力还主要集中在自己身上，有时做不到自如展现自己准备的教学内容，更不必说将注意力放在学生的反应和状态上了。

为促进这一阶段教师的快速发展，在教师梯度发展较好的学校往往会不为他们安排满教学工作量，而安排一定的时间让他们跟着本学科同年级的备课组长或学科负责人等别的教师去听课，这些教师有的被聘为新教师的导师、督导等。在这个阶段的青年教师要实现专业发展须采取的策略是：①每周提前听同进度教案的课2～4节，认真做听课笔记，课后及时与指导老师交流听课感受；②每周撰写一篇《听课一得》，记录听课中最有收获的地方、听课后模仿和借鉴的教学效果记录；③邀请导师类教师每周听1节以上自己的课，课后及时倾听意见、及时请教；④每月撰写一篇《教学一得》，记录自己的课被听课教师肯定的地方；⑤每学期在听课教师(导师)指导下，先向同年级组和全校各开设一节公开课，完成完整的教案撰写，并完成课后的教学反思撰写；⑥主动协助指导教师做相关的组内外教研工作、校内外课题工作等辅助性工作，在协助过程中得到学习和提升。通过如此三年的磨炼，新教师基本上可以做到以下四个“心中有数”：一是对自己所教的内容心中有数；二是对自己所教的学生心中有数；三是对教学目标的设定心中有数；四是对围绕完成教学目标的恰当的教学设计心中有数。这四个心中有数基本能够标志着站稳讲台目标的实现。

(2)从站稳讲台到站好讲台阶段：适宜借助一些研究方式，反思自我，走向教学研究之路

这一阶段，大约在5～10年教龄的阶段，是产生所谓各级“优秀青年教师”“教学能手”的阶段。教师们的教学技能各有所长，尽显教书匠风采。这时候，在学生的视野中，他们的课堂思路清晰、讲解透彻、方法得当有效，教学目标设定科学，教学资源也开始积累得丰富多彩。他们所教的学生往往能够在学业测试中取得较好的成绩和名次，学生对他们的信任度也较高。

这一阶段的前半段可以说是教师专业发展的激情期。但到了后期也将面

临一个最初的“高原期”。促进这一阶段教师发展的相应策略可以是借助一定的研究方法，引导教师走向教学研究之路，从反思自我着手，达到超越自我、追求更加自如和有效的教学境界。

(3)从站好讲台到站美讲台阶段：适宜深度反思、广泛阅读和写作，课题研究具有学科审美指向的辐射同行阶段

这一阶段大约是教龄具有10～20年的教师，有些老师逐渐获得了“学科带头人”“名师”等荣誉称号。这一阶段的教师，在所在学校和地区，成为深受学生们欢迎和热爱的教师。他们对教学行为的关注度已经做到以学生为主，他们与学生之间的相处游刃有余，亦师亦友。在这个阶段，由于教师开始从“一桶水”逐渐转向到“汩汩清泉”的状态，他所处的高度在周围的视野中已经鲜见可以引领周围同行的发展。教师生涯出现了第二次“高原反应”。与第一次反应所造成的职业倦怠不同的是，教师自己是有进一步发展的需求和愿望的，然而所处的环境已经不具备相应的提升条件。为此，根据各地条件，可采取的进一步促进自己发展的策略有：①重返高校进行在职的学位学习，可以选择两个方向：一是本学科的学科前沿的内涵深造；二是跨学科，旨在站在高于现学科的高度，透视、俯视自己的教育成果，科学提炼自己的教学风格；②深度反思，广泛阅读，编写自己的教学设计类文集；③主持与国家新课程实施相关的课题研究；④撰写彰显本学科独特风格和本人教学风格的个人专著，在专业中有立足本学科的审美转化的创新教学思想；⑤为所在城市、省甚至全国承担培训教师的任务，远程教学、专题学术讲座等。在这一阶段的教师通过以学科美和教学美为立足的专业发展，可以说踏上了“教学艺术之路”，完成从“研究型教师”到“学术型教师”的蜕变。

(4)从站美讲台到超越讲台阶段：追求对教育对象价值观和人生观的终身影响，追求形成学者风范，成为学生终生难忘的人

这一阶段的教师成为大多数教师学习和研究的对象，自己也基本处在一种“输出”的阶段，教学风格独特，教育思想也日臻完善。这是他们职业生涯的最后一个高原期了。在这一阶段，出色的教师往往会因其自身高尚的人格魅力成为影响学生终生发展的重要人物。他们教学的主要关注点依然是学生，但不关注学生的现在，更加关注他们的未来。

促进这一阶段教师的专业发展其实就是提出迈向学者型教师目标。它不仅包含对其学术造诣的尊崇，更多的是指对他们具有的精神品格的尊崇。因此，教师们的专业发展应当追求多次深度的精神修炼，力求超越学科、超越讲台，扩散到自己和学生的精神世界，享受教育生命价值的精彩实现。

于是设定目标就成了教师必做的事情，没有目标就没有方向，工作时间

长了很容易形成倦怠心理，久而久之就产生职业倦怠。我从来没有把教师的工作做成简单的重复，日复一日，年复一年，我尽力在教育的海洋中汲取营养，并不断把它转化为可以输出的能量，去为自己喜欢的事业做点什么。尽管我早已是一名高级教师，但是我没把它当成奋斗的终点，而是一个新的起点。我力求在每个阶段给自己设定一个目标，这是自己努力的方向和动力。

随着课改的深入，我深知，要做到"在无限广阔的知识海洋中，快速获取自己的那一部分知识，不断补充知识满足新的需求，面对知识本身的发展，做到不落后于时代"，唯有不断学习，才能让自己在时代的发展中永葆教师的"青春"。于是，学习和教学研究便成了我日常工作中不可或缺的部分。每个寒暑假是我的充电时间，读书学习，系统总结一学期的教育教学思考、经验反思，每学年至少写两篇教育教学文章，争取每年发表一篇文章。近年来，我的教育教学成果以论文方式在国家级教育类期刊《中学数学教学参考》、《高中数学教与学》、《中国教师》、《中小学数学》等杂志上发表。教育教学论文多次获北京市基础教育科学研究论文评比一等奖。2015 年，我作为主编之一，出版了《区域教研与教师专业发展》一书。

为了提升自身的专业素养，在 2012 年我考取了首都师范大学教育硕士，在 2015 年顺利通过论文答辩，研究成果被学院推荐参加全国教育硕士优秀论文评比。教育硕士的经历，让我对数学教学有了新的动力，在专业素养的提升上也更近了一步。但是数学教育的目的是什么？数学的本质是什么？数学思想方法怎样落实到数学教学中？我需要答案。

五、教师素养

经历了多年的锤炼，我渐渐沉下心来思考，我要成为什么样的教师？现代教师需要具备哪些素养？关于教师素养，华东师范大学叶澜教授认为，教师应具备的素养有：专业精神、教育观念、专业知识、专业能力和教育智慧。教师专业结构以专业理念、知识结构和能力结构为主。"教师素养可以理解为教师在教育、教学活动中表现出来的，决定其教育、教学效果，对学生身心发展有直接而显著影响的心理品质的总和。"①教师的思想政治素养、职业道德素养、知识水平和教育理论素养、专业能力素养和心理素养是教师素养的主

①林崇德：《教师素质的构成及其培养途径》，《中小学教师培训》，1998 年第 1 期，10—14 页。

要成分。

随着时代的发展，教师素养结构应该与时俱进并具有一定的前瞻性，而不能只局限于传统模式结构。在未来教师素养的合理结构中最基础层面的是教师职业道德和现代教育理念，依次向上的层面是具备学科专业知识、教育学和心理学知识、创新意识和能力、教育研究意识和能力以及反思能力等多方面的知识和能力，尤其应强调知识和素养的相互支撑、渗透和融合。

教师是社会的人，学生也是社会的人，在师生共同成长中互相影响，此谓教学相长。教师的知识水平、专业能力对学生知识水平的影响毋庸置疑，而教师的政治素养、职业道德、心理素养直接影响着学生的人格培养、健康的心理素质的形成。新课改不仅带来了知识的革新，更带来了理念的转变，教师基本素养的内涵也必然要与时俱进。作为教师，面对新时代的学生，除了具备教师的基本素养外，还应该具备下列素养：

1. 立德树人的育人理念

教育家张伯岑说过："作为一名教育者，我们不仅要教会学生知识，教会学生锻炼身体，更重要的是要教会学生如何做人。"自古以来，中国传统文化特别强调人的道德主体精神的弘扬、人的精神境界的追求，注重个人的道德修养，从而正确处理个人与家庭、个人与社会、个人与国家的关系。国家中长期教育规划纲要明确提出："坚持德育为先，立德树人，把社会主义核心价值体系融入国民教育全过程。"在市场经济和多元文化为背景的社会中，信息时代的飞速发展决定了教育必然受到多元文化、多元价值观的影响和挑战。这也对教师和教育提出了更高的要求。教师如果不能用正确的人生观、世界观、价值观加以引导，青少年可能就会迷失方向，误入歧途。如果我们的教育对象将来是一个没有理想和追求、没有责任感、没有爱心、不懂得感恩、没有胸怀的人，怎么能成为热爱自己的民族、热爱自己的国家、用自己的才能回报社会的人？

2. 公正平等的育人之道

公正本身就是一种教育，能否平等对待自己面对的教育对象，是教师职业素养的重要要求。近年来，教师伤害学生、校园霸凌、社会不良现象严重损害了学生对公正平等的理解和期待。因此，教师面对新生代的学生，在学校教育中，要加强自身职业道德的修养，通过恰当的教育方式，让学生正确理解公平公正的内涵。我们要让学生选择公正的生活准则，要让学生平等地对待他人、尊重他人、敬畏生命、尊重社会。我们就要用教育的力量让学生在教育的过程中和生活的经历中获得对这些的认可。在学生的心目中，教师往往是公正、无私、善良、正义的代表，对教师有非常美好的期待。这一期待决定着当教师在与他们的交往中做到公正公平，他们就会感觉到公正的美好和必要，从而奠定他们在未来社会生活中努力追求道德公正的心理基础。

3. 超脱传统的个人魅力

传统教师往往给人为人师表、谨言慎行的严肃形象。诚然，对待知识的科学性上需要严谨认真的态度，但是如果教师总是以刻板严肃的面孔、冰冷乏味的语言去与学生交流，再好的教学内容恐怕也难达到理想的效果。未来学生喜欢什么样的教师呢？去了解一个学生最喜欢的老师，去到最受学生欢迎的课堂，一定会有一个博学多才、风趣幽默、情趣高雅、热爱生活的形象展现在你面前，这样的教师自然会成为学生追慕效仿的对象，如果教师具有这种超脱传统的个人魅力，对学生的影响将是不可估量的。

4. 运用信息技术的能力

随着信息技术的发展，教学媒体，特别是数字化教育媒体在教学中的作用日益明显和重要。无论是课堂教学还是教育活动，信息技术作为辅助手段已经成为老师们离不开的有力助手。计算机及网络技术在教学中的广泛应用无疑给学校教育带来了从形式到内容的有效推进，也成为教师进行教学模式变革的重要手段。从某种程度上讲，它促进了教师本身与外界的联系，激发了学生的学习兴趣，提高了教师对自身素质的要求。从现实看，信息技术应用于现代教育教学中，与学科整合是一种需要，也是一种必然的趋势，这就对教师提出了新的要求。

随着信息技术的普及，学生人手一部手机，随时进入网络环境，他们交流的方式、获取信息的方式在不断更新，为了更好地服务学生、引领学生，教师本身应具有足够的驾驭信息技术的能力，能够将课堂以恰当的形式展现给学生。

现代课堂不再是教师在课堂上的简单传授知识，而是通过教师的引领，引导学生学会自己获取知识，学会自主探索研究。学习的过程由课堂内延伸到课堂外，教与学逐渐变为一种互动的信息传递过程。我们可以让学生也参与到信息技术运用上来，进行有效的方式，利用网络，利用信息技术，达到真正的师生互动。学生利用所掌握的学科知识，通过自主探究、合作交流，才是真正意义上的学习。

5. 学习、研究的能力

教师是一个特殊的职业，因为我们面对的教育对象是活生生的个体，他们将来要步入社会，要创造未来。为了适应新技术革命的挑战，为了满足现代社会对人才的要求，学校需要培养出具有创造性的人才，这就需要有创造型的教育，教师的关键性作用显而易见。因此教师必须通过学习，储备更多的专业知识和不断掌握新的教育技术才能满足对人才培养的需要。教师这个职业是一个充满活力的职业，总是面对年轻的个体，想做一个优秀的教师，就要有所规划，在专业领域提升、发展自己。因此，对教师而言，学习不仅仅是工作的需要，也是精神的需求和理想人生的追求。这里所指的教师的研究能力主要是研究学生的能力，教师工作的主阵地是课堂，面对的对象是学生，即使是不在一线的教师也应该具备这种研究能力，因为任何教育离开教育对象都是不可能实现的。

育德树人的实践

教育需要关注学生个体的能力、兴趣和习惯，也需要关注个体与社会的关系。换句话说，育人的工作应该是有方向的。正如杜威所说："我相信受教育的个人是社会的个人，而社会便是许多个人的组合。如果从儿童身上舍去社会的因素，我们便只剩下一个抽象的东西；如果我们从社会方面舍去个人的因素，我们便只剩下一个死板的、没有生命力的集体。"因此学生的培养应该符合社会的核心价值。

学校培养的是社会的人，他将来要步入社会，要创造属于自己的历史。如果从学校获得的教育不能适应社会的要求，不能帮助学生融入社会、创造未来，这种教育就是失败的。培养人的教育中，教师是关键，习近平主席在八一中学考察时强调，"教育决定着人类的今天，也决定着人类的未来。基础教育在国民教育体系中处于基础性、先导性地位，必须把握好定位，全面贯彻落实党的教育方针，从多方面采取措施，努力把我国基础教育越办越好。广大教师要做学生锤炼品格的引路人，做学生学习知识的引路人，做学生创新思维的引路人，做学生奉献祖国的引路人"。习近平主席还指出，"一个人遇到好老师是人生的幸运，一个学校拥有好老师是学校的光荣，一个民族源源不断涌现出一批又一批好老师则是民族的希望。"学校教育的关键在于每一位教师，教师肩负着重要的历史使命，我们有责任为国家、为社会培养合格的人。

一、立德实践

我坚定地认为，学校的教育对学生的人生经历至关重要，甚至可能会完全改变学生的人生轨迹。所以，我一直在小心翼翼地、认认真真地用教育者的职业态度和素养陪伴学生成长。之所以用小心翼翼这个词，是源于学生对老师的信任。学生越是以老师为榜样，老师就会越感到责任的重大，生怕一不小心误导了学生，所以说学生也是教师成长的激励者。

我们班的学生很少需要学校操心，因为我们总是“认真对待每件事，做事为人追求卓越”。因此，班级有了引以为豪的连续三年成为学校运动会仪仗队的经历，获得了北京市优秀班集体的殊荣，并且在高考中一次次刷新学校的高考成绩记录。

在北大读研的一个学生曾经用一首小诗表达他对中学时代的眷恋与感恩。

忆母校

感谢老师：
前瞻的班级经营模式激发我创新思维；
以身育人的品德教育指引我探索人生价值。

那些年，我对几个名词从知道到懂得：
勇气，源于做过标新立异的事情；
自信，源于有过自我肯定的努力；
朋友，源于结识过互相信赖与包容的人。

感谢帮助我成长的老师与同学们；
感谢母校与我一起闯出激扬青春。

正是因为这段难忘的学生时代的经历，使得他用自信和勇气，用智慧和能力跨越一个个台阶，才有了“你以为的成功不一定是真正的成功，你以为的失败不一定是真正的失败。用勇气改变可以改变的事，用胸怀接受无法改变的事”的人生态度。

学校是学生最基本的学习活动场所，也是教师最主要教育阵地。培养渴望知识、追求梦想、负有责任感、具有担当意识的学生是教师的使命，也是培养学生核心素养的要求。无论学生的起点如何，无论能力的强弱，最重要的是要有追求卓越的梦想、坚定执着的探索精神、敢于创新的意识。

1. 具备良好的习惯

“教育是什么，往简单方面说，只有一句话，就是养成良好的习惯。”这是教育家叶圣陶对教育的诠释。

“习惯养成”既是一个充满吸引力的目标，又是一个需要我们不断研究与探索的过程。当我们的学生讲礼貌成为风气，守纪律成为自觉，讲卫生成为自然，爱学习成为追求，健身心成为乐趣，当我们的学生离开学校走向社会后，仍然带着班集体“习惯养成”的印记时，作为教育者，我们将会享受到无限的幸福和快乐。每一个学生的品德修养、文化教养、思维方式，均奠基于其习惯的养成，这种养成既需要不断地引导启发，也需要长期的训练。习惯包含两个方面，一个是行为习惯，一个是学习习惯。

行为习惯的养成，重在行为规范，这需要纪律来保证。皮亚杰认为，“所有道德的实质都要在人所学会的那种对于规则的尊重中去求得”。养成教育正是培养受教育者学会尊重规则，并从对规则的尊重中形成良好的行为习惯。由于规则本身是具有约束性的，学生只有认可它，它才能为社会或群体所接纳。所以应该让学生参与到规则的制定、修改和执行当中去，使规则不仅与时俱进，而且适应学生的要求，增加其存在的合理性。简而言之，养成教育的首要任务不仅是要求受教育者遵守已有的规则，更应当注重受教育者对于规则真正的理解和认同，以实现从外在他律向内在自律的转化，这样才能收到良好的教育效果。无论是班级管理，还是教学组织，在学生眼里我都是一个原则性很强的人。在班级管理方面，大到集体目标的制定，小到言谈举止，都是我和学生讨论的内容。每个新班级的建立，每学期的开始，都要通过班会共同确定目标、讨论规则的执行。比如手机的问题，由于是学生自定的规则，即便看起来有些苛刻(自己要禁用手机一个月)，但神奇的是学生们却乐意执行。有一次，有个同学进入校园后忘记关机，结果上课的时候响了。他自己按照规定主动宣布自己禁用手机一个月。时间长了我几乎忘了这事，某一天，我让他用手机拍一些照片，但这个孩子很认真地说“还没有解除禁令，所以还没带手机来学校呢!”按照哈佛管理的理念，一个良好的纪律可以用“烫火炉原则”来形容。即预先警告原则：如果炉子是滚烫的，任何人都会清醒地看到并认识到，一旦碰上会烫着；即时原则：如果你敢以身试法，你立刻就会被烫着；一致性原则：每次用手去触摸烫炉的时候肯定会被烫着；公正性原则：任何人，只要你用手触摸烫炉，一定会被烫着——烫炉既不会见风使舵，也不会因人而异。

学习习惯的养成重在持之以恒。作为教师，我们的职责不仅仅是教知识、教方法，更重要的是关注对学生学习习惯的培养。比如倾听习惯、思考习惯、复习习惯、质疑习惯、阅读习惯等。

倾听是最重要的学习习惯，我们要让学生学会倾听，在倾听讲解的时候抓住重点，抓住关键点。

我们要培养学生在学习中思考、分析，形成自己的见解，成为有独立思想的人。会思考的学生才会提出有价值的问题。很多学生习惯被动接受，不习惯主动提出问题，因为他们没有问题可提，很可能是没有进行思考。我经常鼓励学生自己提出问题，我会激励他：如果你没听懂不是你的错，是老师没讲清楚，你一定要提出自己的疑问。

及时复习所学知识是很多学生做不到的，也许是时间有限，写完各科作业也就没有时间去复习了，但是复习可以让学生温故知新，可以重新审视所学内容。阶段复习既可以巩固知识，又可以构建知识结构。让学生养成这个习惯很重要。学完一章进行知识梳理，巩固知识结构很重要，但最好不是老师来做，这样学生没有体会，不能纳入自己的知识系统。我采用的方法是，单元复习时，每个同学用一张 A4 的纸，做一个结构图，再用知识点装饰这个结构图，然后向其他同学展示自己对知识理解的基础上形成的知识结构。老师对每个同学的小报给予鼓励性的评价，再从知识和逻辑的角度引导学生做出进一步完善，从而形成内在的知识结构。这种数学小报既有内容又有视觉的美感，优秀的会被展览出来，学生很喜欢这样的形式。但是这需要一个过程，刚刚做的时候，多数学生还不会总结，还是进行知识的罗列，把书上的定义、概念、定理、公式抄一遍，顶多再配上几个例题，一些学生把这件事当成负担。经过长期的练习之后，学生对这种总结方式会越来越得心应手。

教是为了不教，要想使素质教育目标得到落实，使学生最终能独立自主地学习，就必须重视数学教学。提起阅读，很容易认为这是语文课的事情，但数学的学习也需要阅读，培养学生数学阅读的能力也是数学教学的任务之一。数学阅读常要求灵活转化阅读内容，学生要用适当的语言来理解定义或定理，最常见的是文字、符号、图形这三种语言之间的转化，数学知识的呈现主要是归纳和演绎，具有一定的严谨性，加之数学语言的抽象性，使数学阅读需要较强的逻辑思维能力。在数学阅读过程中，将记忆、理解、分析、归纳、类比、联想、抽象等思维活动充分调动才能达到好的阅读效果。

数学教师应充分认识数学阅读的教育功能，将数学阅读纳入到课堂教学的基本环节中去。例如不能在布置作业时才让学生打开课本，学生也不能只有在作业中碰到问题时才翻开数学课本。让学生自主阅读课本，在课本中做阅读笔记，在阅读中提出问题，能够促进学生自学习惯的养成。数学的语言特点是精炼、准确，每一个词都可能蕴含着很多信息。在进行指导阅读时要让学生抓住关键词，关键句。

2. 胸有大爱的人

教师对学生的爱，是一种具有崇高目的，充满科学精神、普通、持久而又浓厚的爱。这种对教育的付出，来源于教师对教育的深刻理解和高度的责任感。教师要有博爱之心，爱自己的孩子、爱学生、爱国家、爱社会、爱自己的民族。在上大学的时候，由于兄弟姐妹较多，看到父母很辛苦，我经常利用课余时间做家教，一方面可以减轻家庭经济负担，另一方面也是锻炼自己。那时候每个学期能够挣几百块钱，这样我就不需要伸手向父母要钱了。在大三的时候，看到贫困地区的孩子上学困难，于是自己省吃俭用，资助了一个小学生，让她重返校园学习。同样参加工作之后，我将这种爱的情感体现在工作中，并渗透给学生。我担任班主任时，我们班在公益活动、救灾捐款等行动中都是很突出的，无须特别的教育，教师的爱会被学生内化为对他人的爱、对社会的爱。2001 年我送走的第一个高中毕业班级是文科班，在即将毕业的时候，生活委员问我剩下的班费怎么处理，我让生活委员与其他班委讨论一下，结果班委们认为虽然钱不多，但是应该做些有意义的事。后来他们征求全班同学的意见后把钱捐给了希望工程。这多少有点出乎我意料，但也在情理之中，在三年学校生活中，他们已经将自己蜕变为一个个胸怀理想、充满爱心的年轻人。

3. 做自主自律的人

自律是在社会和集体生活中对法律规范和制度的自我服从，它源自内心深处，是一种自愿、自觉的行为，是一种不需要外在监督与他人存在就能自动实现的行为。而“他律”是由规范和制度强制约束的。“自律”建立在“他律”基础之上，“他律”是前提条件，“自律”是目标，对于正在成长的中学生，不经历“他律”，“自律”是不可能实现的。

德育最有效的方式是体验、感悟，有效的教育手段都是让学生在亲身的感受中获得的。学校和教师的职责在于为学生搭建一个平台，创造一种情境，从而激发起学生自我完善的内在积极性，唤起学生对正确的人生观、世界观、价值观的认同与追求，从而在内心深处形成一种自觉的道德修养。

我在班级管理中通过引导和协助，建立集体规范和制度，在规范和制度的监督下，调动学生的积极性，参与班级管理、参加主题教育活动。在这些教育过程中引导学生自我教育、自主管理，逐渐由他律走向自律，使自律成为学生自觉自愿的习惯。班主任和学生共同制定班级奋斗目标，制定班级公约，学生在规范中约束自己的行为，并逐渐形成自我约束的习惯。从有人监考到免监考，从免监考某学科到免监考班级的过程是一个很好的诚信教育过程和自律能力的培养过程。无值日制度更是培养学生责任意识的有益尝试。

二、正能量场

正面教育是学校教育的主要途径，学生在这样的教育中逐步形成价值观。积极的、正向的氛围容易让学生形成正确价值观。

我记得物理学中有一条守恒定律：能量既不能产生，也不能消失，只能从一种形式转化为另一种形式。教育对象中，既有正面的、足以作为榜样的行为和思想，也有落后的、消极的言行；既有正面的事件、也有反面的人物。也就是说，在学生所在的群体环境中既有正能量，也有负能量。对教育对象所持的理念直接影响着班主任的工作方式和方法，班主任作为班集体的组织者、管理者、学生的引导者，用什么样方式方法带领学生进行班集体建设对中学生的健康成长至关重要。中学生心理发展是不成熟的，心理支配力较弱，容易受周围环境的影响。因此，如果能够在集体中有意识地建立一个正能量场，让负能量逐渐被正能量抵消，即创造积极的、正面的事件，树立典型的、积极的思想行为，让消极的事件、言行逐渐在“润物细无声”中受到教育、修正，也就是让消极的能量逐渐转化为积极的能量。我把这个教育转化过程称之为“教育中的能量守恒定律”。

1. 学生需要正能量

著名作家毕淑敏推荐英国心理学家理查德·怀斯曼的作品《正能量》一书时说：“能量有正负，应用需智慧。葡萄糖和汽油是能量，炸药和海啸也是能量。”大脑和心灵，需要源源不断的正能量沁养，否则人生将变得灰暗无序。“当正能量持久稳定地制造并储备起来，有效使用，你就能驱散负能量的黑暗，人生不断走向精彩。”在学校教育中，学生需要正能量的引导，正能量是一个强大的教育场，吸引学生的思想和行为朝着积极的方向转化。

2. 教师要成为正能量

正能量源自“真教育”，陶行知先生说“真教育是心心相印的活动，唯独从心里发出来的，才能打动心灵的深处”，教育必须培植正能量，而教育者必须成为正能量的中心，这就是教育的使命，这就是教育者的良知。

教师在教育教学中应多关注正能量，善于运用正能量，而不要只盯住消极的东西。美国盲人女作家海伦·凯勒有句名言，“让脸庞朝向太阳，你就不会看到阴影”。在教育中，你面对的是活生生的人，下一秒钟会发生的事你永远无法确定。如果我们每天只看到消极的人，只关注消极的事，眼里就会只有消极的东西，那么老师很可能变成“纠错的行家”，每天都是在苦口婆心地教育学生不要这样、不要那样，在学生眼里变成了唠唠叨叨、不公正的老师，很可能出现的现象是你不让学生干什么，他们偏偏会干什么，于是学生和你都很容易变得消极、有挫折感。一个会教育学生的老师一定会更关注积极的事情，他会经常用积极的语言对学生进行鼓励和表扬，他会用欣赏的态度参与学生的成长。在这种情况下，学生在老师的激励下会尽量满足老师的期望，会不断激发自己积极的、正向的能量。当然消极的事情也会被处理得很恰当，这样反过来又能进一步强化学生们良好的行为举止。那么，怎样创设正能量呢？

(1)创设公平

在一个集体中，正能量往往来自于公平。公平是一种原则，我的原则就是将学生放在适合的平台上去发挥作用。比如有的同学喜欢电脑，技术也不错，那就请他做班级电教管理员，他可以带动一个技术小组，这样班级中大大小小的有关信息技术的事情全都解决了。他们解决不了的就去请教学校信息技术老师，在学习中不断进步。班级有很多岗位，每个学生都会根据自己的兴趣和能力去选择最适合自己的岗位。因此最抢手的岗位可能是具体的，甚至是“微不足道的”，而班长这个位置却是最后被选择的。当然，用学生的话，“我们的作用都发挥了，班长和班主任就‘不重要了’!”

(2)主题活动

任何一个班集体的建设都离不开主题教育活动，主题教育活动能够使学生在情境中感悟、提升，主题教育是情境化的思想认知、道德修养教育，具有针对性、实效性、操作性、创新性的特点。所以根据时代特点、教育要求、学校环境、学生认知水平等设计一系列主题活动，比如感恩系列活动，可以让集体形成尊重他人、尊敬父母师长、热爱集体、感恩社会的班风；环保系列活动可以让学生提升环境危机感、形成环保意识。

(3)制定规则

每一个团队都应该具有一种成员认可的规则，在这个规则中所有人都站在同一个起跑线上。在班集体建设中，要讲究规则，公平公正地对待每一个人和每一件事，这样才能使教育有说服力。班主任与学生一起订立班级的规则，也可以说是制度，这样就可以避免执行时产生矛盾。我们经常看到一种现象，有的班级制度形同虚设，学生并不愿执行，为什么呢？原因很简单，老师和学生之间没有达成共识，规则不是大家共同的，学生是不愿接受的。让学生自己管理比别人去管理更有效，他们会在自己制定的制度下，积极主动地参与班级建设，贡献自己的智慧，同时收获成长。

三、教书育人

学校是培养人的地方，学生在这里既要学会学习科学知识、也要学会做人。我们培养的每一个人，无论他将来做什么，首先必须是一个完整的人。因此，学会做人应该成为教育工作的首要目标，教师应该把教育学生“学会做人”作为德育教育的出发点和归宿。“学会做人”首先要教育学生有公民意识：即自觉地遵守宪法和法律规定的基本权利和义务，把国家主人的责任感、使命感和权利义务观融为一体的自我认识。它强调的是人对于在社会生活中的责任意识、公德意识、民主意识等基本道德意识的正确认识。“学会做人”要培养学生具有良好的道德品质和社会公德，体现在具有良好的行为习惯和思想境界。如果教师只教书不育人，学生只重视分数，不修养德行，这样培养出的学生无法完成社会使命，无法实现中华民族的复兴梦。学习做人，要从小事着手，从日常着手。

1. 培养学生积极的人生态度

是否自尊、自信、自立、自强，成长状态是否积极乐观，遇到问题是否有担当、有解决的勇气，遇到挫折和失败是否有重新开始的信心，这些积极的状态需要教师引导，需要学校培养学生遇到困难能正确面对，遇到挫折和失败不灰心、敢面对的能力。学生对生活、前途充满希望，每天都有进步，这样的学生会表现得非常积极、乐观，学习有动力、有积极性、有成就感。教师教育学生，首先要让学生对前途抱有希望，对前途充满信心，这样学生的积极人生态度就表现出来了。

2. 培养学生责任意识

一个有责任感的人会不断进取。责任教育不仅要通过课堂实现，更要让学生在日常生活中去感悟。让学生参与管理工作，在活动中承担各种角色，激发他们的积极性和责任感。挫折教育应该成为学生人生成长的必修课。学生通过军训、社会实践、体能训练等形式提高克服困难的意志品质，以自信和勇气面对困难和挫折。教师需要创设各种情境，为学生提供锻炼的机会和平台，这种情境既有学科方面的，也有生活方面的，既有正面的积极的、也应该设置一些逆境，让学生学会独立面对困境、处理问题，而不是依赖、退缩。

3. 启迪学生的智慧

教师的职责不只在于传承文化知识，更在于启迪学生智慧。学校不是只培养有学识的人，更要培养出有创新精神、有创造能力的人。因此，教师的课堂不应把传授知识作为唯一目标，课堂教学最重要的是让学生学会思考，学会学习。数学思维能力的培养是数学教育的重要目标，正如《课标》所指出：“数学在形成人类理性思维和促进个人智力发展的过程中发挥着独特的、不可替代的作用。”特级教师张鹤说：“数学教师的教学任务，很大程度上是要通过教学活动，让学生领悟数学的思维特征，并能够用这种学科的思维方法理解并解决问题。对学生数学能力的提高起决定作用的是学生数学思维水平的提高。”因此，数学课堂应该是思维的课堂。

教师在教育教学中要鼓励学生积极思考，不满足于现有的知识；要善于提出问题，敢于质疑，对新事物抱有强烈的好奇心和旺盛的求知欲。小则对具体教学内容的不同见解，大则对班级建设、学校管理的建议，都允许学生发表不同的见解。只有这样，新的知识、新的事物才能出现，才能激发学生的创新意识，学生的个性才能充分得到发挥和张扬。

四、因龄育人

每个阶段的学生身心都有不同的特点，根据学生的年龄特点设计教育活动，是我十分注意的。

1. 高中阶段

对高一新生而言，这一时期是他们学习上的转型期、生活上的独立期，也是思想上的危险期、生理上的发育期，帮助学生做好初中到高中的过渡是老师的关键任务。较之初中，高中知识的范围更宽、难度更大一些，思维要求更抽象、更理性。初中学生在学习上习惯于听老师讲，接受式的听课习惯会不适应高中的大容量、抽象的课堂教学，在学习方式上也要求会自主地学，这个特点使一些学生一下子不能适应，造成学习成绩下降，失去信心。这时候他们渴望的是来自于老师、家长、同学们对他们的鼓励和帮助。同时由于高中学生来自多所不同的初中学校，原学校的教育风格各不一样，学生的个性品质也各不相同。学生思想发展存在明显的不平衡，情感丰富，易于激动和变化。从心理上，他们又渴望异性朋友，但往往分不清友谊与爱情的界限。因此要建立一个积极向上的、有凝聚力的集体，需要有制度与人性化的班级规范和教育。我的方法是：

高一的教育主题主要是集体主义教育，以养成教育为主旋律。包括学习习惯和行为习惯的养成。从而帮助高一新生在各方面顺利完成从初中向高中的过渡。要求班主任在尊重学生的基础上发挥主导作用，严格要求，善于听取学生的倾诉，制定符合班级学生实际的教育目标及管理方法。

可以开展一些工作帮助学生适应高中生活。如让学生了解学校和高中的学习特点，名师讲座、校友追踪、校史学习、参加社团等活动是学生融入学校的有益方式。教师对学生进行了解研究，实行因人施教。在了解基础上，要研究每个学生的社会、家庭背景、个性差异、兴趣爱好、心理变化、发展特点，这样制定班级规划时就会有针对性。学习校规校纪、讨论班级奋斗目标、制定班级公约、任命临时班委、学习方法指导与交流、指导学生进行“三年规划”，等等。

进入高二，班级集体趋于稳定，学生基本适应了高中生活，开始进入思维发展的初步成熟期。对社会、现实、人生等问题的思考深度和广度增加，并随着身心发展，希望有异性朋友，但又缺乏控制能力，易在学习上产生两极分化。一些基础较差的同学很容易产生悲观厌学情绪。思想上带有片面性和不稳定性，易受社会不良思想的影响。此时需要设计一些班级活动，多给学生实践和处理问题的机会，增加学生的成熟度、责任感和责任能力。针对这一感情强烈、丰富的时期，如果能使其激情升华，就会让他们充满青春活力。学生在实践中、在解决实际问题的过程中走向成熟。班级的事情，让学生发表意见，尽量让学生独立做一些活动，班主任给予适当的、必要的指导就可以。

这个阶段的主题教育重点是理想和责任教育，帮助孩子明确学习目的，加强人生观教育。通过生活中的榜样人物，历史上、现实社会上的优秀人物，引导学生树立正确的人生理想和目标，促进学生的社会化过程。加强与家长的交流，使家校教育产生共鸣。与学生讨论人际交往的问题，重视培养学生的交际能力。明确交朋友的原则，诚信、互助最重要。老师可与学生交流自身的经验和体会，让学生对老师有朋友感觉。

具体的活动内容和方式可以是：布置个性化的德育作业；学生制订修改个人成长规划；设计主题班会进行交流；进行健康教育讲座；心理老师进行青春期心理指导；对话优秀学长，探讨学习方法、青春理想的互动，引导学生树立正确的人生理想。教育无小事，抓住教育契机，让每一项活动都能成为促进学生健康成长的催化剂。

例如考试在即，开展以“诚信做事，诚实做人”为主题的诚信教育活动。班级通过主题班会、师生谈话、学生辩论、板报宣传等灵活多样的形式，围绕“诚信”话题展开对话和讨论。对于提高学生的诚信意识、保证教学效果反馈的客观性有着重要意义，通过考试这个平台进行诚信教育是落实核心价值观的具体实践。

为了培养学生的感恩之心，利用教师节、新年联欢会、假期等开展一系列的感恩教育活动。给父母写信、用自己的零花钱送父母亲一份礼物，设计尊师卡、母亲卡、心愿卡等，开展的以“感恩”为主题的内容丰富的活动让学生们在快乐的活动中体验、感悟，从而学会感恩、懂得回报。

步入高三，学生认知能力得到发展并趋向成熟；生活经验不断丰富，逐渐能按一定原则、观点选择合适的方式去解决一些问题；意志的果断性与坚定性有了很大发展，进入了以自律形式遵守道德准则和调节行为的成熟期；世界观、人生观初步形成；性格趋于成熟，具备较强的独立思考的能力，不轻信别人说教，对人生、社会、现实等问题有自己的观点；面临高考，对个人前途问题考虑较多，心理压力增大，容易焦虑等。

这个阶段的教育主题以“报效祖国，报答父母，实现理想”为目标。通过适当的活动教育学生做好吃苦的准备，树立顽强学习的拼搏精神，在思想道德、纪律等各方面都不能放松。在学习上，科学有效用脑，掌握科学的、适合自己的复习方法。

具体的活动内容和方式可以是：学生心理素质的调整和训练，针对高三学生在毕业前产生的各种思想问题及时开展心理辅导，提高学生心理承受力。让学生相信，高考不可怕，付出了就会有收获；积极认真参加学校的体育、文娱活动，释放压力；在学习方面，联系各科教师，了解各科复习考试情况。每次重要考试后，进行认真细致的考试分析，精心准备并召开家长会、班会，表扬品学兼优的学生。同时，运用个别谈话的形式，指导不同类型学生复习迎考策略；组织专题学习，结合毕业前途进行讨论，引导学生规划专业与未来；请心理老师进行应试心理咨询。指导家长正确评估自己孩子的实力，合理选择升学的方向与专业。另外做好成人仪式的准备工作，整理班级的图片资料，指导学生制作班级纪录片、相册、回忆录等作为毕业礼物送给学生。这是一个非常不错的创意，但这需要在高一年级就要规划好，这样才能有意识地保留一些珍贵的学生成长记录。

2. 初中学生各阶段的特点

初中年龄阶段在儿童心理学上称之为少年期，它在个体心理发展史上是一个从童年期向青年期过渡的时期。这个时期的孩子们处在一种半幼稚半成熟的状态，它充满着独立性和依赖性、自觉性和冲动性、成熟性和幼稚性错综复杂的矛盾。这个时期突出地表现为一种强烈的独立倾向，非常想确立自己在他人心目中的“形象”。他们对自己往往估计过高，事事想自己做主，把自己的见解看成是评价客观事物的标准，对老师、家长的话都不轻易相信或者接受。学生在这个年龄阶段心理上产生了许多新的特殊矛盾，针对这些特点，教师既要尊重他们合理的建议与要求，又要注意积极地加以正面引导，使他们的独立性和自觉性得到进一步的发展。实践证明，老师仅凭自己的主观愿望，强行让他们按照自己的意愿去办，往往会产生许多矛盾和冲突。

初一年级开始，随着课程门类的增加，内容向深度和广度发展，每个学科都向学生提出自己的具体要求。这要求初中学生调整自己的学习方法，学会合理安排学习时间，以免造成学习上的忙乱；学会独立思考，能够独立地分析问题和解决问题。另一方面，初中学生在活动中的角色地位也发生了较大变化。小学的教育活动是在老师具体而细致的指导下完成的。进入中学，学生逐渐成为活动的组织者和执行者。老师不会像小学那样事无巨细，而是有目的地引导学生去完成活动的设计和组织。这样使学生的独立性、主动性和积极性得到进一步的锻炼和提高。但是，刚入初中的学生，心理依赖还比较强，容易延续小学的认知状态和学习方法。有的学生由于对新的学习要求缺乏必要的心理准备，造成学业成绩大幅下降。因此我们需要有意识地在学生入学初期对学生进行一些学习上必要的常规教育，具体指导和帮助他们掌握一些学习上的基本方法和技能，解决好学生从小学到初中在学习上的衔接问题。班主任需要帮助孩子重新定位自己，调整学习方法，适应新的学校生活。

这个阶段的教育主要以养成教育为主线，加强文明习惯的养成教育、学习方式的转变。行为习惯以规范为主，道德意识以身边的先进事迹感染为主。班级可以进行一些有意义的活动，如初一入境教育、文明礼仪教育、团队合作活动、学习方法的交流——对话优秀学长等。以学校重要活动为契机，如运动会、学习节、科技节、艺术节等，组织学生开展形式多样、扎实有效的班级活动。

初二年级的学生处于青春期，容易动感情，也容易激怒，这种冲动性与他们的生理发育，特别是神经活动的兴奋过程强、抑制过程弱有一定关系。我们会发现学生开始根据自己的兴趣爱好和道德标准来选择朋友，他们非常重视友谊和社会交往，但又容易把友谊局限于狭隘的范围，甚至因此而脱离集体，出现一些不健康的情绪和行为。此外，开始关注自己的外在形象，敏感于自己在他人心目中形象。另一方面，他们对人对事充满热情，很容易被榜样感染，也容易受不良环境影响。他们具有活泼愉快的心境，对周围现实生活中发生的各种事情都十分关注。这时，他们的社会责任感、集体责任感也在初步形成。因此，要及时进行正面引导，使他们形成正确的价值观。

这个阶段要注意心理健康教育和法治教育。以增强辨别是非，识别真善美，自觉抵制外来干扰的能力为主线，明确学习目的，树立正确的价值观为主旋律。例如开展感恩教育，学会感恩父母、感恩老师、感恩社会；开展团队心理健康咨询活动；参观博物馆等学习活动。

到了初三年级，学生的学习方面任务增多、压力增大。性格上开始稳定，开始能自觉地评价自己，独立地选择学习的榜样。他们认识和评价自己的能力是从认识和评价别人过渡来的，许多研究表明，初中学生评价别人比评价自己具有更大的独立性，内容也更丰富更具体。对自己的要求有了更高的自觉性，在各种场合中都想表现自己。这种愿望提高了他们的责任感，发挥了他们的创造性和主动性。另外，他们最怕别人把自己看成是“弱者”，为了表现自己是强者，他们有时容易出现一些冒险行为。因此，我们必须掌握他们的这些特点，关心和教育他们，对他们的评价要做到恰如其分，耐心地教育他们学会客观地、全面地看待自己和别人，学会辩证地分析问题，逐步引导他们自觉地主动地进行自我评价和自我教育。理想在初中学生自我意识的发展中起着极其重要的作用，教师要帮助他们选择正确的理想范例，认识理想人物的高贵品质，指导他们运用理想范例来进行自我修养，让他们把理想变为现实，把理想人物的高贵品质贯彻到自己的生活实践中去，并且逐步成为自己稳定的个性品质。

这个阶段的教育以强化良好的品质修养和理想信念教育为主线，加强法律意识和法制观念，引导学生学会做人，学会创造，做合格的初中毕业生。

通过对学生进行理想信念教育活动，使学生形成正确的人生观、价值观。坚定勤奋学习，立志成材的人生信念，树立远大的理想，形成文明健康、科学的态度。比如制作个人名片，制作激励自己奋发向上的格言、座右铭及奋斗目标，组织开展以爱国主义为主题的讨论，让同学们感悟民族精神、抒发报国之志。

总的来说，初中阶段是一个特殊阶段，学生处在半幼稚、半成熟时期，更需要教育的呵护和引导，需要教师针对学生的实际设计符合他们身心特点的教育活动。

五、树人实践

有一次我们几位老师随校长参加一个学术会议，会后与会议组织者和专家合影，我选择了最边上的位置站好，结果梁校长走过来，笑着说："你们站在中间"，然后自己站在了边上。能站在"大人物"的旁边，我们当然很高兴。后来几次偶然的合影我也发现校长总是站在边上，我觉得很奇怪，问校长："您为什么总站边上呢?"校长笑着反问："你们是不是觉得站在中间很幸福?"我顿时领悟，校长把最好的位置让给了我们这些老师，让我们每个人都觉得被重视，都很荣幸!

是的，教育何尝不是这个道理?学校为学生搭建展示的舞台，看着孩子们在舞台上尽显自己的才华，这何尝不是给学生的最好位置呢?

我喜欢《学生第一》这本书，它用66篇文章讲述66个故事，以叙事的手法讲述学校的创意管理，篇篇蕴含着新意，篇篇值得反思。每篇文章都配有彩图，真实再现了校园丰富多彩的生活，展现了改革家的魄力、教育者的智慧。“开学护照”“校园公司”“名师大讲堂”“学校纪念日”等精彩的创意是直接指向学生的，是落实“学生第一”的具体体现。“学生第一”的真正落实，需要提高学校管理的科学性，需要提高教师的职业幸福，本书通过“月度人物”“青年才俊”“教师互助中心”“教育家书院”的描述来充分激发教师的创造性，提升教师的职业幸福。“改造流程”“优秀教师参与学校管理”“引入外部智慧管理学校”等可为推进学校管理的民主化和科学化提供参考。无数的创意，所有的用心，一切都是为了学生的发展，这是真正意义上的“学生第一”。

如何让学生的校园生活更加丰富多彩？如何让学生在学校里获得终身受益的本领？如何让学生真正成为校园的主人？细细品味此书，感受种种创新举措，你会有深切的体会。对我而言，她更是班级管理的指路灯——读后让你感动于从细节中挖掘教育的真谛。

《标注所有人的名字》讲述李校长在学校管理中的一个细节，在校内拍的照片上标注所有人的名字，这既使每个人感受到被尊重，也可以让大家熟知照片中的人。李校长特别提到：在校内合影，除非外事工作需要，校长尽量不要站在中间位置，如果校长敢于、乐于把自己放在一个边角、后排的位置，就会使整个照片的位置全都成为好位置。这让我想起了几年前的一次班级合影，当时我带的班级被评为北京市优秀班集体，学校要我们拍一张班级全家照。组织学生站好后，我找了一个最边上的位置，这使我成了最不显眼的人，而同学们的位置都成为好位置了。毕业多年，照片中的每个同学都珍藏着这张照片，有的同学还将它上传到网上。现在看起来他们除了因获得的荣誉而自豪，还会因格外被尊重而珍惜这张照片。这是教育管理中的一个再小不过的小事了，但就是诸如这样的小事，蕴含着教育者的智慧和学生第一的理念。

《没有课时的学校必修课》讲述目前绝大多数学校的学校课程，还局限于提供广泛的选修课程，而真正彰显与支持学校个性化培养目标的学校必修课程，却还没有被理直气壮地确立起来。十一学校立足自己的育人目标，开展了形式多样的学校必修课程——没有课时的学校必修课程。比如逃生课作为必修课与军训同步进行。比如烹饪课作为只有考核环节的必修课，学生要想通过考核必须在家里学习和实践。名著阅读、名曲名画欣赏之类的课程亦是如此。不难看出，学校为了学生的全面发展，做了细致入微的安排，这才是真正“以学生发展为本”。“以学生发展为本”不能只停留在口头上，不能只按照上级的安排设置课程，诸如这类学校必修课功课，任何一个学校都可以为学生创造条件，搭建平台。班级管理亦是如此，假期里除了完成学校布置的作业，能否设计一些其他的德育作业，让学生在假期中尽可能体验生活、融入社会、开阔眼界、锻炼能力、深入与长辈的交流。班主任们可以充分运用自己的创造力帮助学生搭建发展的平台。

学校教育中无大事情，但事事是教育。每个学校所开展的活动尽管大同小异，但怎样让学生乐于参与，让学生从中受益却因校而异，因人而异。学校教育可以为学生的全面发展提供更多可能性。

为未来培养创新人才是全社会都在关注的事情，对于我这样的一线教师而言，这个任务的核心和关键是使自己的学生得到全面而富有个性的发展，这离不开个性化教育。新的课程改革在课程上为学生提供了个性化的学习平台，充分尊重了学生的个体发展，学校的教育也逐渐从模式化的统一标准转向关注个体创新能力的开发。挖掘学生潜能，帮助学生发现、形成和发展自己的个性，使学生个体得到良好的发展。因此，一个优秀的教师能够客观认识个性差异，尊重孩子的个体需求，他绝不会压制学生的个性，而是设法让学生的个性得到健康发展。

班主任可以动用各种方法把学生放在最合适的位置，充分发挥他们的特长。在我任班主任的班级“由岗选人”与“因人设岗”并行，学生活动多样丰富。在传统的班级，那些学习刻苦、成绩优秀的学生、遵守纪律的学生会受到青睐，而那些成绩不好但某方面特长突出、桀骜不驯而又个性十足的学生呢?

给他们设岗，让他们把能量释放出来不失为好的办法。有这样一个孩子，自幼在北京市青少年科技馆学习昆虫系统、植物系统理论，小学、初中参加大赛获了不少奖，但也是因为这个孩子过多地把精力用在这些兴趣上影响了文化课的学习，更糟糕的是青春期的萌动让他的叛逆表现得很突出。孩子与初中班主任的对立情绪突出，家长很担心到了高中还会这样。于是我们班多了个新岗位——研究性学习学生负责人，他成了“昆虫研究社团”的社长。孩子带领小组成员完成了两篇研究性学习项目，凭借自己的昆虫学专业知识被北京自然博物馆聘为“志愿科普讲解员”，并在北京自然博物馆探索角举办了第一次讲座《走进昆虫学大门的第一把钥匙》，加入“观鸟”协会，“自然·中国”协会，以及中国科学院动物研究所学习膜翅目小蜂总科分类、初级分子生物学，学习 DNA 系统实验等高级理论知识，还加入“巫家油茶物种分析”项目的研究小组，被北京自然博物馆聘为“科普小课堂”讲师，是《大自然》编辑部投稿人之一。他在高二时获得北京市金鹏科技论坛大赛一等奖。大学毕业后，合作创办了“地球记忆工作室”，继续着他所热爱的研究。

教育的核心理念是以人为本，为了每一个学生的全面发展。教师要研究不同学生的性格、气质、意志、兴趣等个性，了解他们的差异以满足孩子们对心理疏导的不同需求。充分尊重孩子的个性发展，让他们充分认识个体价值，树立自信心。尊重孩子的个性，让每一个孩子都能在原有的基础上得到发展。从学生的具体实际出发，纠正不良个性，发扬优良个性，最终使学生的个性能够顺应社会发展的客观要求。

一个非常热衷于网络游戏的孩子一般是很聪明的。我不玩游戏，也不会玩，但是我不认为孩子们玩游戏是坏事。互联网时代，我们不能让孩子像过去一样只沉浸在书本中，对外面的世界一无所知，对未来的世界毫无兴趣。有人认为，游戏化就是互联网时代的重要趋势，是通往未来的线索。把未来的世界装在游戏中，在游戏中创造未来，我很认同这个观点。我们没有必要将孩子玩游戏看成洪水猛兽，我们要做的是了解孩子喜欢玩游戏的背后的心理世界，理解他们的内心需要是什么？游戏背后反映了孩子怎样的内心世界？然后加以正确的引导。家长和老师不必厉行禁止，禁止会使孩子更加饥渴。对于已经迷上游戏，并且排斥其他活动的孩子，下面的建议也许是有效的：与孩子协商制定规则，大人不破坏规则，孩子也会尊重规则；增加陪伴孩子的时间；多参加一些户外活动，如跑步，打篮球，参加夏令营、冬令营；在学校可以给他们一些任务，转移他们的注意力。

我曾经任班主任的班级里有一个男孩沉迷于游戏，家长无奈没收手机，但是孩子的需求并没有解决，与家长闹得很僵。这个孩子参加了学校的戏剧社，别人演节目，他做技术工作，每次都要拍摄、后期制作，他们还参加比赛获了大奖。于是他更加乐于这项活动，还当了社长，拍电影，兴趣一下子发生了转移，彻底告别了网络游戏。还有这样一个学生，玩游戏的历史要追溯到小学，初中几乎达到痴迷的境界。到了高中，家长也无奈，要么暴力解决、要么索性不管他。作为班主任，我跟他订了一个“君子协定”：他控制自己玩游戏的时间，每天完成学习任务，我尊重他的爱好。高考时我支持他选择自己喜欢的计算机专业，最后他考上了山西大学，如愿进了计算机专业学习，毕业后开了一家网络公司。电脑游戏带给孩子们的是一种智慧的高级体验，是焕发创造力的快乐，也给孩子们带去智力开发上的无穷可能。这个孩子在高中阶段设计了一个高楼逃生装置，在研究性学习课程中我让他介绍自己的发明，结果他足足用了一节课，向同学讲他设计的背景、介绍原理、图示操作过程。这个装置虽然没有成为现实，但这对他来说是一个很好的经历。

班级管理的创新

班级是学校机体的细胞，是学生实现成长和社会化的重要基地[①]，提高班级生活质量，为学生营造充满气息的精神家园，激发学生的潜能，培育独立思考与创新性思维，引领学生感悟个人成长与规划人生发展方向，是学校和每位班主任的重要任务。

一、顶层设计

班主任是班级的组织者、指导者，班主任的素养直接影响班主任组织管理班集体的水平。一个好的班主任一定有着不断更新的教育理念，特有的管理艺术，立德树人的育人观。

学生生活在集体中，一方面通过学习提升自己的学科素养，另一方面要在集体氛围中形成价值观。班集体实现这个功能的核心驱动力是学生对班级价值的认同与感悟。什么样的班级是优秀班集体？班级管理系统作为以育人为目标，着眼于班级所有学生健康学习、成长，使其个性获得和谐发展的有序而又开放的系统，至少要具备以下几条，这也是衡量一个班级组织水平高低的标准：

(1)共同的目标。班集体在组建之初，班主任应该引导学生确立班级奋斗目标，这是班集体前进的方向。目标导向越积极，学生对目标的内化水平越高，就越能促进班集体向优秀班集体转化。

(2)健康的舆论。学生生活在集体中，需要语言的交流、情感的交流。一个团结的、对原则问题有一致认识和高度认同的班集体，必然有一定的对成员起约束作用的舆论，也就是一定有健康的舆论作为主流。

(3)民主的氛围。班级学生彼此之间能够心理相容，每个人在集体中都有归属感、满意感、责任感和义务感，把集体当作一个大家庭。师生在“家”的

①李希贵：《学生第一》，上海：华东师范大学出版社，2006 年，4 页。

氛围中和谐相处、互相尊重，学生之间互相帮助、共同成长。这种氛围越浓厚，越体现出人际关系的民主平等性与成员的归属感水平。

(4)有组织的活动。学生的健康成长，离不开教育活动。班级组织有计划、有目的的教育活动，在丰富学生的学校生活的同时，必然带来学生内心世界的变化。有组织的活动让学生在活动中参与、感悟、成长。

(5)自我管理与约束力。集体管理与自我管理制度的完善性，能够促进学生的自主、自觉水平，是班级形成教育主体、教育力量的保证。一个优秀的班集体，必然有较强的自我管理能力和自我约束力。

(6)个性的健康发展。一个优秀的班主任不会扼杀学生的个性特长，而是会引导学生的健康发展，会为学生提供或搭建各种平台，并为学生提供展示交流、健康发展的机会。

班主任既是班集体的组织者、教育者和指导者，同时也是班级教师团队的核心，负有沟通学校、社会、家庭教育之间联系的职责，在学生全面健康的成长中起着导师的作用。班主任工作的具体目标是管理好班级，建设好班级，提高学生的思想品德修养，促进学生学习能力的提升。班主任要协调好下面四个关系：

(1)协调班集体内学生间的关系。班委会与团支部、班委会内部各成员之间的关系，优秀学生与一般同学之间的关系，品德需改进、学习有困难的学生和大多数同学之间的关系。

(2)协调学生与班级各任课教师的关系。班级各任课教师也是班级的组成部分，他们不应该以“第三者”的身份对待班级工作。但是各任课教师的教学任务繁重，又可能兼任其他班级的课堂教学或承担其他任务，所以班主任应该主动向他们了解学生情况，请他们关心班级工作，向他们征求班级建设的意见，这也是任课教师们在参与班级的管理。这种协调不仅能集思广益，增强教育教学的效果，同时也能促进各科的教学效果。

(3)协调班级与学校、社会、家庭的关系。班级建设不只是“教室内”的活动，更不能简单地理解为班主任与学生之间的活动。它不仅受班级内部条件因素的制约，而且也受班级外部条件的影响，这个影响主要体现在家庭和社会方面。

社会的风气、现实的热点、学校的文化环境，都可能影响学生。这种影响既有正面的，也有负面的，因此，班主任应该采取积极主动的态度，把握主动权和主导权，充分利用积极的社会因素促进班级管理工作。其次，家庭中家长的思想观念、道德品质、文化素质、对学校教育工作的认同、对孩子的态度和要求等，都会潜移默化地影响学生。因此，班主任应合理利用这些因素，及时与家长沟通和协商。家长如能与学校保持对话和一致，将会给学校的教育带来积极的效果；相反，则会给班级管理工作带来不利的影响。所以班主任要善于做家长的工作，争取家长与学校教育的一致，形成教育合力。

(4)协调好班级内的各种活动和事务。班级工作千头万绪，不可能平均用力，所以在班级管理过程中要协调好重点工作与一般工作、应急工作与日常工作、日常工作与阶段工作的关系。只有这样，班主任的工作才能做到重点突出、有条不紊。

班主任是学生的教育者、陪伴者、守望者，是学生品格的锤炼者。要让学生具备怎样的品质，具备哪些素养，班主任应该有一定的标准。一个优秀的学生应该有思想，但不执拗；有个性，但不张扬；有信念，但不盲目；有情感，但不自恋。要让学生做到：

诚实守信，说到做到；尊敬师长，包容理解；遵守规则，顾全大局；乐于助人，友善合作；认真倾听，乐于表达；责任心强，乐于奉献；热爱品读，善于积累；及时总结，注重归纳。

二、管理方式

班级作为学校教育管理的基本单位，班集体作为一种客观组织形式，既是教育教学的主体同时也是一种有效的教育力量。因为学生的行为虽然是个体行为，但它发生在一个群体环境中，必然要受到群体心理的影响。一个优秀的班集体，决不单单表现在学习成绩的优秀上，还应该具有健康的班级文化，并且在班级文化建设中，既发挥其对班级成员的导向、陶冶等教育功能，又能使班级成员在系列集体生活、学习、交往活动中获得成就感，产生幸福感，最终学会做人、学会学习、健康发展。

如何进行班级文化建设，提高班集体的教育效果？这是每个班主任遇到的问题。教师既要把握党的教育方针，又要遵循教育规律，充分运用集体的力量，以科学的管理方式，培养为社会服务的学生。因此，班级管理模式显得尤为重要。从 2001 年开始，我在所带班级中实行“模块式班级管理”，下面我以刚刚毕业的 2007 届学生为例介绍一下这种管理方式。

(一)实施背景

传统的班级管理是以班主任的意志为中心，按照班主任对道德规范和规章制度的理解要求全班学生，塑造全班学生。过分强调统一，忽视学生的主体性，扼杀了学生的创新精神和能力。学生养成被动、服从的习惯。事实上，这样的管理使很多学生丧失了发展优良个性的机会。在大力提倡素质教育的今天，班主任必须树立“以学生为本”的观念，在班集体建设中充分发挥学生的作用，为学生提供一片成长的沃土。通过民主化的班级管理，创建文明和谐的班级文化，使每个学生在团队精神的不断发展中健康成长，个性特长得到发展。

(二)理论依据

1. 教育理论

一般说来，素质教育有三大要义：即面向全体学生；使每个学生全面发展；让每个学生主动活泼地发展。

素质教育的三大要义将“面向全体学生”放在首位，这既反映了对人的尊重，也反映了未来社会对人才素质的一项特殊要求。中小学实施素质教育，必须面向全体学生，认清每个学生的优势，开发其潜能，培养其特长，使全体学生各自走上不同的成才之路，成为不同层次、不同规格的有用人才。

2. 教育个性化理论

教育个性化思想倡导教师给每个学生同等参与的机会，同等成功的机会；让每个学生的才能得到充分发挥；使学生从团队中获得个性发展。

3. 多元智能理论

多元智能理论认为，每个学生都有自己的智能优势，在学习过程中，各种智能通过合作、互动等方式得到优势互补。

4. 系统论原理

系统论原理阐明：所谓系统是指“由两个或更多的相互关联、相互作用的部分，按一定的规则所组成的具有一定结构与功能的有机整体”。结构决定功能，作为管理对象的班级只有建立起适应目标化管理的、科学合理的、井然有序的班级组织结构，才能更好地对班级实施有效管理并实现其良性循环。而班级的“模块管理”形式，正是为达到这样一个目的的一种探索。

(三)模块管理的准备

1. 了解学生

我校高中学生来自多所不同的初中校，原学校的教育风格不同，学生的个性品质也各不相同。因此要对学生进行了解研究，实行因人施教。观察、谈话、家访是必要手段。在了解的基础上，要研究每个学生的社会、家庭背景、个性差异、兴趣爱好、心理变化、发展特点，这样才能在制订模块管理计划时有针对性。

2. 制定目标

没有目标，就没有方向，班级管理会很盲目。开学伊始在班主任和班委会、全班同学的共同努力下班级制定及总的目标和阶段目标。这为模块管理提供了前提和基础。

我班的班训："和谐奋进，自主自强，诚实守信"。

班集体奋斗目标："今天争做品学兼优的高中生，明天做社会发展的栋梁"。

在总的奋斗目标指导下，我班制定出各阶段的德育目标：

高一："学会尊重"，进行集体主义教育，以养成教育为主旋律。包括学习习惯和行为习惯的养成。

高二："责任感教育"，树立对社会的责任感，对父母、老师的责任感，对自己的责任感。教育学生以"努力学习，健康发展"为实现责任意识的途径。

高三："报效祖国，报答父母，实现理想"，教育学生做好吃苦的准备，树立顽强学习的拼搏精神，在思想道德、纪律等各方面都不能放松。在学习上，科学有效用脑，掌握科学的、适合自己的复习方法。做到一轮复习要扎实，过基础知识关；二轮复习要系统，过中档题目关；三轮复习要提高，力争够得着"难题"。

(四)模块式管理的实施

学生们制定了集体的奋斗目标，当目标体系确定后，就要建立能充分发挥目标化管理效能的学生组织结构。

1. 模块中的角色及分工

班主任是学生的指导者、合作者，是班级的灵魂。班委会是班级核心：既是理想班集体的凝聚剂，也是班级舆论的控制中心，是学校与班级、学校与班主任、班主任与班级学生之间的纽带。它将任务下达到值周小组或班主任后就以小组成员的身份参加值周管理。值周小组负责班级的日常管理，直接向班主任负责。

2. 模块的内部结构

(1)全班同学分为六个模块，每个模块内的学生中，在学习能力与个性品质上要优劣搭配，男女生比例在各个模块中大致相同。但有一两个模块在整体上要强一些，目的是加强竞争意识，激发学生向上的动力，培养学生互助的精神，以及良好的心理品质。

(2)每个模块设两名组长，组长由各个模块自选，分别为常务组长和学习组长。常务组长侧重于日常管理，如考勤、纪律、公物、环保等方面的问题，还要负责记好班务日志(可发动组内成员轮流记)，学习组长侧重于学习方面的事情，但在解决问题、安排事务时两组长要协调立场做出决策，而且要充分调动组员的积极性。

3. 模块的行动流程

每个模块轮流值周(一次值两周)，每组值周时都要围绕班级目标制定“本次值周目标”，要为班集体各方面的健康发展主动创设条件。例如，有的组把美化环境作为主要任务，通过各种形式使全班同学都参与到“人人保护环境，人人美化环境，人人享受环境”的活动中来，凸显出班级里环境育人的氛围；有的组把“如何有效学习”作为值周重点，通过主题班会请老师和学习优秀的学生介绍学习方法等。开始值周之前组长要向全班同学发表“值周演说”，阐述值周计划、具体要求等，若同学无异议就开始实施。值周结束后要做总结，总结班集体的进步与不足，本组工作中的得失等。同时，全班同学对值周组进行评价，为下一组管理水平的提高提供好的经验和教训。

4. 模块的动态发展

在学生的学习、个性品质与道德水平发生变化的过程中，适时调整各组成员，使各模块的功能相对稳定。

(五)模块的价值取向与效果

在这种民主化班级管理模式的实施能够促使班集体内产生和谐的气氛、民主平等的人际关系，学生各方面素质都在悄悄发生变化。

1. 思想品德方面

许多方面表明：学生们的思想在悄悄地发生着变化，他们在促使集体向健康的方向发展，集体也影响着他们一言一行。

如课间学生在教室里由过去的大声喧哗，嬉戏打闹到后来的轻声慢步，彬彬有礼；自习课由最初的老师维持纪律，到后来的自觉学习；由开始的考试必须有老师监考到后来成为免监考示范班；还有本班不设值日生，环境保护从自己做起。班务日志的《好人好事》一栏记录着每天主动为集体服务的同学的事迹。如果有人把纸屑扔在纸篓外，会有人提醒他，而他也会照例自觉选择一种补救方式：或者擦一天黑板，或者负责倒几天垃圾。久而久之大家就养成了注意环保的良好习惯，从而把一个人的行为变为全班同学的自觉行为。

这种管理模式非常受他们的喜爱，他们在管理中有所感悟，在感悟中受到教育。由于“有事可做”，那些爱光顾网吧的同学也不再想着去了，有一位曾经很放纵的同学说："以前我什么坏事都干得出来，但现在我在这个集体中决不会那么干了。"一名同学的父母离异，他由父亲抚养，但跟父亲的关系不好，无奈之下，父子也分着住。他一度很消沉，无心学习，还与别人做过卖东西的"生意"。加入这个集体后他彻底变了，他从这里找到了家的感觉。他说："以前觉得同学之间很冷漠，自己做得再好也不会得到任何回报，但现在我觉得每个同学是那么乐于助人，我很喜欢他们。在这个集体中我有一种回家的感觉。"于是他把全部的心思用在了这个"家"上，他"发明"了用图文并茂的形式来记录班务日志，一幅幅漫画把班中的事情表现得淋漓尽致。

同学们把班级当作自己的"家"，他们说："在我们班，同学们不是把班级仅仅看成是个班，而是一个'家'。既然是一个大家庭，那么我们就要精心装饰我们的家。那一盆盆鲜嫩的小花，逐日生长、开花，这顽强向上的生命力，不正象征着我们吗？教室墙上的石英钟时刻提醒着我们要珍惜时间、努力学习。最引人注目的要算放在三角区上的金鱼缸了，里面住着四条金鱼，师生经常给他们换水、喂食。这样一个其乐融融的画面，让我们怎能不爱这个家呢？"(摘自班级年度总结)可以说班级成了学生的情感场，有专家说，学生失去了家和班级这两个情感场，必走斜路。可见，班集体对学生，尤其是对失去家庭情感的单亲学生来说是多么重要！

2. 个性品质方面

丰富多彩的集体生活促进了学生个性的良性发展。以前班级活动都是由班主任一手导演，学生任由导演摆布，这样的活动让学生感到既厌烦又无奈。但当我把活动的主动权"下放"给学生后才发现，原来学生那么有才气，他们的创造力让人耳目一新。我们以各种形式，各种内容的主题活动进行自我教育、自我欣赏，如主题班会、联欢会、知识竞赛、音乐欣赏等。通过具有特点的管理形式如自觉值日制，班干竞选制等来培养学生的责任感、竞争意识和组织能力。由于有了自主权，学生更愿意享受自己创造的快乐，而且更愿意去尝试。同学们积极参加学校、区市组织的各种活动，我班参加校学生会的干部最多，他们的工作很出色，多人参加市区乐器比赛并获奖。

3. 学习方面

这种模块式的形式，便于同学之间学习上的互相交流、互帮互助。在研究性学习中，小组成员在查阅资料、信息交流方面合作得很好；在讨论式课型中，组内的优秀学生可以下座位给其他同学讲解。学习委员和各组的学习组长在老师的指导下密切配合，充分利用自习课、晨读以及课余时间实践自主—探究—合作—整合的学习模式，使那些"离开老师不学，离开老师不会学"的同学的学习方法更科学更有效了。虽然同学们的学习成绩各有差异，但他们都在努力，都在不断进步。在高考中，他们屡屡创下优异成绩。

4. 团队精神发展方面

在这种模式下，学生是班级的主人，模块小组负责管理自己的班级，班级拥有和谐的人际关系、浓厚的学习氛围，优美的教室环境、丰富多彩的主题教育活动；利用体育节、艺术节等活动增强集体荣誉感；开展拔河比赛、羽毛球比赛促进团队意识；利用小组互助、合作学习增加团结互助的意识；通过评选班级之星树立可信、可敬、可学的榜样，使同学们从榜样的事迹和优秀品质中受到鼓舞、汲取力量。班集体能让学生充分显示个性，在学校艺术节、体育节、学习节等活动中表现突出，学生多人次获校、区、市级荣誉。由于各方面成绩显著，获得学校和家长的好评，班级多次被评为“优秀班集体”，是学校的“卫生免检班”“考试免监班”“课间操示范班”，还被评为北京市优秀班集体。

5. 学生自我管理能力方面

在这种民主化班级管理模式的实施中，学生参与班级管理的积极性高，每组都有自己的管理方案，很有创造性，各组在班级管理中取长补短，形式越来越新颖，效果越来越明显。比如量化管理、“以活动取代政策”式的管理。有的组还为班级生活拍摄了“纪录片”，同学们看后激动不已。各组把所有班级素材加以整理，由班级的技术小组制作成毕业纪念光盘，作为毕业纪念送给每位同学。

学生自主管理为学校文化注入了新的活力，在学生发展过程中产生了巨大价值。与传统的班级管理相比，学生自主管理班级有着自己独特的优势：第一，极大地激发了学生自主管理的热情和激情。过去，班干部都是在班主任的领导下开展工作的，“班主任让干什么就干什么”。而现在，对班主任的依赖逐渐褪去，取而代之的是班主任的引导和参与，学生意识到自己的责任，表现出对班级管理极大的热情和创造力。第二，打造了一个充满活力和生命力的管理型学生干部队伍，每个同学都参与管理，每个同学都锻炼了自己的组织能力，有机会学习他人、展示自己、创造明天。班级工作中，学生的综合素质得到了极大的提升。第三，自主管理班级，学生们创造出的不是“班主任”的班级，而是学生自己的班级，这样的班级已不再是一个刻板的单元，而是具有沟通、分享、支持、可持续发展的心理社会场。这一切都使学生之间的关系更加民主、平等、真实。

德育实效性是一种体验、一种感悟、一种情境，因为有效的教育手段都是让学生在亲身的感受中获得的。班主任的工作实践告诉我，民主化班级管理的实施是内化道德教育的有效途径和方法。模块式管理是在学校倡导“班级自治，和谐发展”班级管理中的一种探索、一种尝试。

培养学生的自主管理能力案例

班级管理的最高境界就是学生自主管理、自我教育。在模块式班级管理中，全体学生被按照一定的标准分为六个小组，每个小组都有其优势特长，被称为模块小组，每个模块轮流管理班级。每组值周时都要围绕主题设计计划，开始值周之前组长要向全班同学发表“值周演说”，阐述值周主题和计划要开展的活动。

【案例 1】

小组管理计划

这两周将由我们第六组来为大家服务，这是本组自组建以来第一次值周，为了给大家提供一个良好的学习环境，希望大家支持我们的工作。同时我们作为第六组也希望为这一轮的值周做一个很好的结尾。

具体计划如下：

本组发现现在班中存在的问题：

1. 打上课铃后，有一些同学不能按时进班；

2. 中午午休出入的人有些多，导致靠门的同学不能专心学习；

3. 班中有些人的语言不文明。

针对以上问题，本组采取的措施如下：

1. 打上课铃后进来的同学，一人扣一分；

2. 12:45 至 13:00 没有特殊情况，不要出去。在教室休息或者学习。出去的同学一人扣一分；

3. 说不文明语言的同学，一次扣一分。

加分方面，做一次好事，加一分。在卫生方面，希望各组能做好自己的卫生。

我们组除了设计了一张记录表以外，还设计了加分通知和扣分通知，以便各组组长更好地了解各组当天的情况。

具体分工如下：

班 日 志：尹楠、叶晨帆

表格记录：张聪聪

检查卫生：尹楠

语文测验：孙静、李阳

养殖花草：丁生风

纪　　律：刘洋

检查语言文明：全组

希望班里的同学能够理解和支持我们组的工作。我们组有信心做好这次值周，也相信能给大家创造出一个好的环境。

在这两周内，我们有什么做得不好的地方，请大家多提宝贵意见，我们一定虚心接受，谢谢大家！

2006 年 4 月 21 日

以下是第五小组的评价记录：

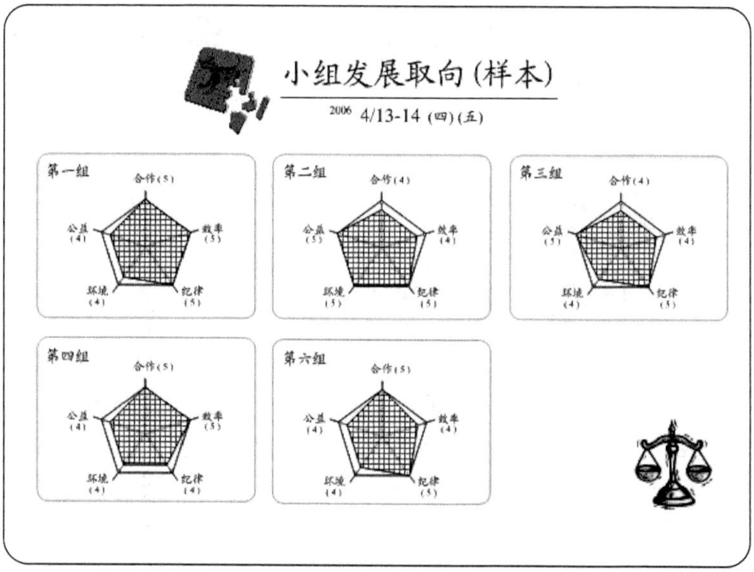

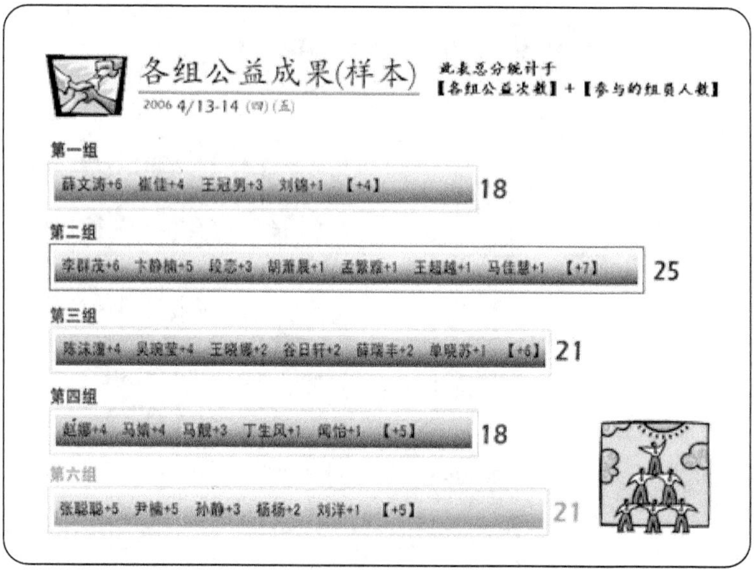

【案例 2】

这是 2006 年，叶致毅和李琼翔小组准备主题班会的讨论稿：

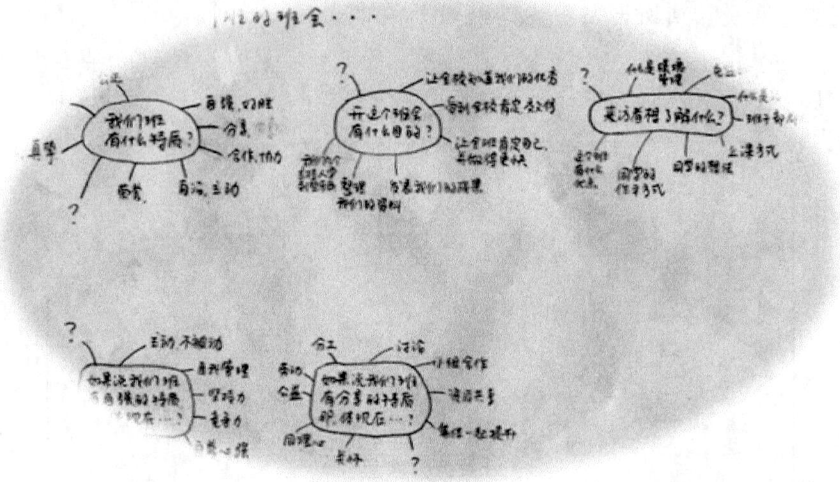

与其说这是一份准备稿，不如说这是一个创意稿。因为我们看到的很多学生活动往往是由班主任或者其他老师策划、准备、甚至写好稿子，学生只是充当了演员而已，而这个的活动老师只给了主题——向观摩者介绍我们的模块管理流程。

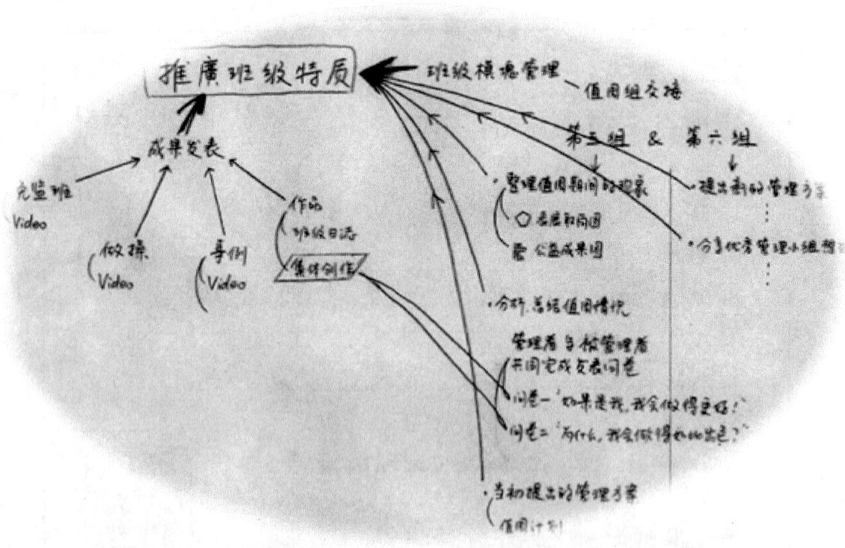

虽然有值周小组管理班级，但为了使更多学生有锻炼的机会，也便于学校的管理，班级仍设立班委会，每学期竞选一次，由学生自我推荐并进行竞选演讲，再由同学民主选举，组建班委会。班干部的职责是协助值周小组管理班级。建立学生自我管理的组织机构，强化了学生的自我管理意识和能力。班主任根据班级管理目标，指导学生设计并开展丰富多彩的班级活动，让学生在活动中提高自治能力。按照学校的主题拟定好一学期的主题后，指导各模块管理小组设计活动。实践中可以发现，各组设计的活动，既有针对性，又有启迪教育意义，有的活动集知识性、趣味性、创新性为一体，班级成了学生自主教育、自我管理、展示个性的舞台。

三、共建家园

一个班级就是特殊的团队，孩子们在团队中学习、在团队中成长。一个班级也是一个特殊的大家庭，在这个大家庭中，师生之间和谐相处、同学们互助互爱，一起成长。

1. 师生关系

师生关系是学校中最重要的关系，构建和谐的师生关系贯穿于学校教育的全部内容。和谐的师生关系体现在师生之间民主平等、公平公正、真诚友善、互相尊重、相互学习。和谐的师生关系是学校教育的巨大推动力，它能够最大限度地调动人的因素，促进师生的共同发展。所以和谐的师生关系有助于确立教师的威信，提升教师的示范引领作用，亦所谓“亲其师，信其道”，能有效地调动学生的学习积极性，发掘学生的潜能。

和谐的师生关系需要公正平等地对待每个学生。学生所处的年级不同，认知水平、个性特点、能力表现会有差异，但相同的是他们追求公正公平的心理需求。在学生眼里，公正客观被视为教师最重要的品质之一。学生希望教师对所有学生公正客观、一视同仁，他们最不满意教师凭个人好恶偏爱、偏袒某些学生或冷落、歧视某些学生。公正，这是孩子信赖教师的基础。一视同仁，是教师平等对待学生的基本表现。

教师公平是要让学生体会到的，如果让他感觉不公，会挫伤他的积极性，会让教育的效果大打折扣。多年前，某一天下午，学生们正在教室里高兴地交谈着，因为一天的课程就快结束了，就等着上最后一节课了。我走进教室，也丝毫没影响他们的兴致。我也似乎被这种气氛感染，正想加入他们的行列，突然我看见小路用力推正趴在窗台上向外眺望的另一名同学，我心里一紧，看到前面的同学安然无恙，才放下心来。想到昨天在班会上刚刚进行了安全教育，我马上厉声喝道："你在干什么？注意安全！"我想他应该马上意识到自己的动作可能会给别人造成危险，然而，令我意外的是，他慢慢转过身来，不以为然地看了我一眼，露出一种挑衅的微笑，冲着我说："我在调节气氛呢！"我顿时火冒三丈，心想："错了不承认，还狡辩！""跟我到办公室来！"他很爽快地跟我进了办公室。我严厉地告诉他，刚才他的动作可能会把同学推出窗外，造成严重事故。讲完道理后，他也认识到了自己的错误，保证不会再这样了。可是在整个谈话中我都在感觉着他对我的不满，包括他的语气、眼神，好几次，他欲言又止。他可是班里公认的成绩优秀，乐于帮助别人的学生。"肯定事出有因！"想到这里，我决定弄个明白。于是我请他坐下来，问他是不是有什么事老师做得不对。他看着窗外，愤愤地说："是有件事一直想跟您说，上一次数学测验，您表扬李翔做题速度快，我看了时间，我们俩几乎同时写完，而且我得了满分，他却没有。您表扬他却没提我。在我印象中，您从开学到现在还没表扬过我第二次呢！您想想，如果您一直在努力变得优秀，又没被肯定，您会有什么感觉呢？"他一边说，我一边回忆，李同学是一个谦虚稳重的学生，所以经常得到老师们的当众肯定。而小路过去一直很"狂"，也就很少得到正面表扬。但从这学期开学，他确实在改变，从原来的我行我素，到能听进老师的建议，而且成绩也在提高。看到这个"苗子"的进步，老师们都很高兴。我这个班主任更是喜在心里，可由于怕他骄傲，也就习惯了不表扬他，没想到给他造成了这么大的心理负担。说完了要说的话，他转过头看着我，我站起来，郑重地向他道了歉，保证公正地对待他的进步。他感激地看着我，对自己先前的行为与态度做了诚恳的检讨。

想想看，我们是不是经常在"严格"要求学生，总是怕学生"受到表扬会骄傲"，即便是表扬学生，也得好好"措辞"，生怕表扬会起反作用。久而久之，赞美之词渐渐疏远了我们，真想肯定的时候，不知道怎么说好，别人看了我们给学生的评语，只觉得"空洞"，试想一下学生听了老师的一句肯定、称颂的赞美会有怎样的愉悦？会产生怎样的教育效果？

和谐的师生关系离不开教师对学生的赏识。教育是最崇高的事业，教师是一种高尚的职业。但是必须看到，教育也是一种服务，这种服务不同于我们通常理解的服务行业，它是为国家、民族的未来和千百万个家庭和亿万个孩子的幸福和前途提供服务。它要求我们教师不仅要有知识、文化，更要有无限的爱心和耐心，有发展的眼光，有诲人不倦的情怀和能识千里马的伯乐慧眼，还要懂得心理学。教育的秘诀是真爱，对于一个教师来说，赏识学生并且为学生未来的发展前景考虑，为他们提供最适当的教育方式，这才是关爱学生的最佳表现。

近年来，学校兴起读书潮，几乎每年都为老师赠送或推荐一本书。其中有一本书叫作《赏识你的学生》，看到书的第一篇文章我就立刻意识到对我来说这是一本好书，于是我一口气浏览了一半内容，篇篇感人，篇篇切中我们的要害，篇篇值得反思。这本书以第一人称的形式述说了一个个发生在学生和老师身上的小故事，再以"家长有话说"和"专家有话说"两个专栏进行"观点大碰撞"，其中既有家长朴实的真情表露，又有专家深刻的理性分析。全书以这种形式生动刻画着"赏识"在教育中的魅力与作用，在我看来，赏识好像是教育的精灵在舞动！

赏识可以成为学生前进的动力。那个被老师评价为"没有数学脑子"的女儿，因为"没有数学脑子"而选择了文科，也许又因为"没有……"而开始厌学，最后不得不选择"出国"，令所有人都吃惊的是，在新老师眼里她是"高才生"，在同学眼里她是令人崇拜的佼佼者。也许有人会认为，那是因为老师的评价标准低。那就请持这种观点的人看一看她的老师们的推荐信，再看一看她的变化，尤其是自信心的变化。我觉得不是老师的评价标准低，而是老师的评价更客观、更全面。一个孩子如果总是得到负面评价，就会产生自我的'负面驱动'，自暴自弃。处在学习过程中的学生就像一杯没倒满的水。在中国老师这里，通常看到'一半是空的'；而在美国老师那里，却总是看到'一半是满的'。前者否定，后者肯定，哪一种会对学生产生激励作用呢？当然是后者，这早已被心理学上著名的'罗森塔尔效应'所证明——仅仅是因为对学生的期待不同，一部分学生就会比另外的学生取得更大的进步。这难道不值得我们反省深思吗？

赏识可以充分挖掘学生的潜能。在我的学生中，有一位当年在班里赫赫有名的"闹将"，我与他也是在"战斗"中不断增进友谊。我发现他有领导才能，于是向全班推荐他当了班委。在班级管理和班级活动中向他委以重任，尽量发掘他的能力，结果他所做的工作很出色。当他考上大学后来到学校看望老师时，曾不无感激地说："我永远忘不了老师对我的评价，那时候，我才知道自己有这么多的优点，老师不说，我还不知道呢。"从他那一脸灿烂的微笑中我似乎悟出：教师对学生赏识的价值、意义是无法估量的。

赏识能把宽容悄悄带入教育的行列。苏霍姆林斯基曾经说过："有时宽容引起的道德震动比惩罚更加强烈"，而我确信赏识能使宽容发挥更大的作用，对此，我深有感触。

一位已经参加工作的学生曾说："赫老师最大的特点就是宽容。"他提起刚入学的一幕：因为自己特别熟悉学校的环境，进了教室就开始与周围的同学聊得不亦乐乎，忘记了老师的纪律要求，被老师点名批评。这件事就这样过去了，可是他认为这下给老师留下了坏印象。后来由于他在电脑方面的特长，我推荐他当了班级的电教管理员。为了能够帮助他度过语文这一科的难关，提高自信；为了帮他找出成绩下降的原因；为了表扬他在作文上的高分；为了感谢他为集体做出的贡献；为了祝贺他考取理想的大学……在三年的时间里，我以各种方式与他个人和他的家长交流。这些在我看来很普通的事情，在他心里却成为老师宽容的具体体现，成了他前进的动力。当他知道被电影学院录取后马上发短信告诉我，感谢我让他当电教管理员，三年中自己得到很大的锻炼，以至于考官问他什么是电教管理员时，他从容的回答让考官频频点头。

赏识不等于放松要求。我不太同意书的前言中对教师严格要求学生的否定，俗话说“没有规矩不成方圆”。孔子有曰：“子不教父之过，教不严师之惰。”老师的赏识不能代替严格要求，有时适当的批评是必要，关键是批评的艺术决定着所能达到的效果。真正能起到作用的批评不是毫不留情的批评，无情的打击，而是循循善诱，严而有格。

哈佛心理学家威廉·詹姆斯有句名言：“人性最深刻的原则就是希望别人对自己加以赏识。”新时期班主任的工作同样需要赏识教育。没有赏识，就没有教育。赏识是热爱生命、善待生命，是学生生命中无形的土壤、空气、阳光和水。赏识是沟通、平等和理解，是生命之间交往的桥梁。赏识教育是承认差异、挖掘闪光点、允许失败的教育，是让学生舒展心灵、尽展潜能的教育。赏识从本质上说一种激励，这也是新课程标准所追求的目标之一。詹姆斯还发现，一个没有受过激励的人仅能发挥其能力的20%～30%，而当他受过激励后，其能力是激励前的3～4倍。因而在教育的过程中，赏识的存在至关重要。

和谐的师生关系需要用“爱”来滋养。热爱学生是一种巨大的教育力量，也是一种重要的教育手段。爱能架起师生情感的桥梁，陶冶学生高尚的情操。所以，热爱学生是构建和谐师生关系的基础。

班主任在工作中对学生要理解、尊重、关心、爱护、帮助，即所谓“爱疗”。但有时候，由于某些原因，有的学生对班主任产生了误解，师生间在情感上出现了“断流”现象；有的学生由于长期得不到尊重、理解和关心，产生自卑心理；有的学生因家庭或学校等多种原因产生失望情绪；有的学生由于长期的、多方面的因素造成了不良品质与心理，从而成了软硬不吃的个别生。这些学生往往对老师有防卫心理，班主任不易与其直接沟通，这种情况下，我采用“曲线传导”法与“投其所好”法传递师爱，取得了很好的教育效果。

所谓曲线传导法，就是以学生、任课老师和家长为媒介，通过他们让个别学生体会到班主任的关心、信任、理解。小刘同学刚入学时是一个软硬不吃的个别生，对老师冷漠、戒备、不信任。我采用很多办法试图改变他对老师的看法，都不奏效。但有一次在干部会上，我提到他有绘画特长，建议吸收他进入宣传小组。当同学把老师的意见告诉他时，他欣然接受了。我向新任物理老师介绍班级情况时，特意表扬了他的思维敏捷、动手能力强等优点。物理老师"不经意地"转述了我对他赞赏的话。结果他成为物理课上第一个被老师认识并且受到表扬的学生。逐渐地他也改变了对老师的态度，与老师们建立了良好的师生关系。

所谓投其所好法，就是和学生"心理位置互换"，站在学生的位置，设想自己处在学生的那种境地、那种心理，会怎样想、怎样做，然后再去说服他。

班里有一个女生，因为高二上学期期中考试成绩不理想，父母便不加分析地认为是她没抓紧时间学习造成的，于是为她制订了一个计划：每天除了完成作业外，要复习每一科，而且规定了各科复习的时间。一段时间内，她在父母的监督下机械地学着，每天都得十一二点钟才能睡觉，非但成绩没有上来，纪律上还出现了过去很少见的情况：迟到、上课打瞌睡、抄作业、与同学争吵，有时还顶撞老师。当我了解其中原因后，告诉她，老师很理解她，并与其家长做了一番深入沟通。之后，我们和她一起分析了成绩不理想的原因，让她自己制订一份切实可行的计划。因为能够自主地支配时间，自愿地学习，她又恢复了以往的活泼、上进，成绩也逐渐提高。

这个技巧在与学生的沟通中很有效。体育节中有个其他班的同学在午休的时候想去看另外两个班级的足球比赛，按照规定应该向班主任老师请假，才可以去。当时他没找到班主任，也没有写请假条留给老师，却把"请假条"写在黑板上最醒目的位置。班主任老师非常生气，批评了他，他不但不承认错误，还顶撞老师。于是老师将他请到办公室，批评他这种请假方式不合适，他却反驳老师不讲道理。办公室的老师看不下去批评了他几句，令人意外的事情发生了：他委屈地哭起来，要回家，不上学了。作为旁观者，我听明白了，他执意去看球，是希望看到比赛的结果，还期待看见曾经赢了他们班的那个班级输掉！他也知道自己的请假方式不对，但又不愿意承认。我示意班主任让我跟他谈谈。我与他来到走廊里，心平气和地告诉他，"我很佩服你，因为你很有班级荣誉感，你出去看球是因为你想看到你期待的结果对吗?"听到这话，他不哭了，点了点头。我谈了一些球赛的事情，看着他平静下来，我把话转到他的请假方式上，我告诉他这种方式是不合适的，他没有辩解，接受了。就是这个同学，在科技节海报评选中使劲儿为他们班级拉票，他给每个老师发微信，请老师为他们班投票。这件事说明，与孩子交谈，不要先讨论你不同意的事，而要先强调你所同意的事，这样容易达到你想要的效果。

我们经常听到老师抱怨“学生难管”，其实只要我们设身处地地替他们想一想，以平等的身份、平等的态度，采用适当的方法，师生间的情感就会得到沟通，教育也会产生效果的。教师对学生的爱有很多方式呈现，但只有恰当的方法恰当地传递，才能收到恰当的效果，才能使爱在教育中发挥它强大的作用。

2. 自主自律

一个优秀的班集体应该是孕育精神、凝聚力量、塑造品格、升华人格的精神家园。班级达到这样的境界不是一朝一夕的事，也不是件容易的事。班主任需要精心规划、精细设计每一个阶段的管理计划，让学生自然而然地进入自主管理角色。

(1)诚实守信、自觉自律——“考试免监考”制度

每一名学生最终是要走入社会的，现代社会中，诚信作为一种美德越来越被重视。诚信是社会发展到一定阶段，对人们社会道德的一种规范。在班级建设中，我们需要为学生的未来着想，需要提高对诚信的重视，这或许是学生将来安身立命之本。

培养诚信既是为了学生的未来，也是为了我们国家的未来。我是怎样做的呢？首先进行宣传和自我学习，每位同学都写出自己的诚信格言，如“诚实源自心灵，诚信赢得尊重”“我要用真实的成绩检验自己的学业水平”等，这些“格言”被放在班级墙报的显眼位置。然后，从我所教学科开始试行测验或阶段考试不监考。当然，这需要老师不唯分论，不以分数作为评价学生的唯一标准，学生自然也不会去“不择手段获得分数”。考试时，每个人都会获得一个“诚信桌贴”贴在桌角位置，用以鞭策自己诚实守信去面对考试。考试之后做一个小的问卷调查，了解是否有违反诚信承诺的现象。

“考试免监考”制度，是培养学生诚信品德的有效途径。考试、测验是学生经历最多的检验，我们从平时的小测验开始实践，到期中期末考试免监考，逐渐使“无人监考”成为常态，学生也就逐渐将诚信考试变成一种习惯。

(2)热爱劳动、热心奉献——“自觉值日”制度

班级从起始年级的下半学期开始实行“自觉值日”制度，每个学生自觉维护班级环境，每天都自觉擦地，擦黑板，倒垃圾等，不设值日生，教室环境却一贯的整洁优美。没有值日生，班级的环境却是全校最好的，每一届学生都把班级当作家去布置，一位老教师曾不无感慨地在全校大会上发言时说：“在这个优秀班集体里，三年没设值日生，但人人都伸把手。一下课，黑板擦

得一尘不染，讲台上的物品排列整齐有序，窗台上的盆花娇艳喜人……进到教室你会感觉到环境很清爽宜人。高三的紧张学习经常使学生忘记做值日，于是很多班主任就多了一项工作——督促学生做扫除。但是这种情况在高三(1)班是不会出现的，因为班里根本不需要值日生。”

从2001届文科班开始我就尝试实行“无值日生”制度。这个过程经历了班主任监督——班干部带头——全体学生自觉三个阶段。使用的基本手段是：破坏环境者挨罚、美化环境者受表扬，这是由模块管理小组进行量化评比，最终形成自觉值日的习惯。

第一阶段：高一刚入学，班级就制定了环境卫生标准和值日生职责。每天由老师或班长监督检查，每组值日一周，具体分工由各组负责。经历了六周(每组都经历了一周值日)后，学生基本熟悉了教室环保的要求和标准，也明确了每天应该做什么。如有人有乱扔纸屑或忘记做值日等破坏环境的行为，按规定就要受到“惩罚”，包括做一件好事、擦一天黑板、向全班同学说明自己的错误等。

第二阶段：经过认真做宣传工作，班会讨论通过，决定班级实行“无值日生制”。规定每个同学自觉保持自己课桌周围的环境卫生，其他公共卫生区的卫生由全班同学共同维护。这个阶段中，每组的班干部起了积极的作用，班委会要求每名干部必须起到模范带头作用，在他们的带动下，绝大多数同学加入了自觉奉献的行列。也有个别的同学自己懒得劳动，于是心存侥幸，看着别人做，自己能不做就不做。但是一周之后，他可能就会觉得“惭愧”，因为值周组会在班务日志上记录好人好事，在量化评比表中记录各组自觉劳动的情况并在全班公布并评比，这样这些同学也就不好意思偷懒了。下了课，大家抢着去擦黑板，放了学最后离开的同学总要整理一下教室的物品，擦干净黑板再离开。虽然没有值日生，班级卫生不但没受到影响，反而比以前做得更快，更彻底了，因为每个同学都希望自己在总结时榜上有名，为本组和自己赢得荣誉。

第三阶段：在几个月中，班级的值日由被动变主动，逐渐到自觉，最终形成一种意识、习惯。同学们把班级当作自己的“家”，教室环境由干净整洁到生机盎然。

(3)墙壁文化——班级名片

教室是学生学习知识、品格修炼和习惯养成的重要场所，是师生情感交流的舞台。整洁、温馨、高雅的教室环境可以陶冶情操，给人以启迪。而“墙壁文化”，更能起到“润物无声”的育人效果。

我们班会充分利用每一面墙壁，设有“班务栏”，让班级的常规固定位置，彰显班级管理的规范；“学习园地”和“团队生活”让墙壁充实厚重；“荣誉榜”时时激励班级每一位成员努力前行；通过“班级名片”，让每位同学拥有一个名片，名片上是学生自己设计的个性化内容，这一张张名片，如同一叶叶小舟，带着希望驶向远方；每月一期的黑板报配合不同的教育主题展示丰富的内容。学生的艺术作品区更让教室多几分艺术生命。这些设计让冷淡的墙壁充满温情、涌动激情、孕育文化，让学生们在书香气息中健康成长。

四、依规理班

1. 从小处着眼制定班规

我们的班级公约是班级所有同学和老师共同信守的行为规范。一个新集体成立之初，学生的行为习惯好坏不一、缺乏集体自律性。如何通过班级管理建立一个具有正确的发展方向、共进的奋斗目标、健康的舆论和良好的班风班貌的优秀集体？首先需要制定一个共同的行为规范——班规。班规的制定需要全员参与。

先通过问卷等形式引导学生思考如下问题：是否希望自己成长在一个优秀班集体？一个优秀班集体需要具备哪些特质？为保证每个人克服自身弱点，需不需要制定班规？取得共识后，班委会起草班规，学生一起讨论，让学生成为“立法者”。这样做是希望每个学生从一开始就不知不觉地进入自我教育、自我管理的角色。因为班规是自己制定的，不是老师强加给的，所以班规一旦生效，就成为班级的“法律”，大家都会自觉遵守。如班规中规定教室内不准大声喧哗，讨论这个规定时，大家的共识是教室这个特殊的公共场所的功能是学习，大声喧哗影响他人学习和休息，也是不文明的表现。所以无论是课间休息，还是午休，同学们都很注意，即便是讨论问题也是很轻声的。如有人违反，除了被记入班务日志，还要“挨罚”。班规中还有两条约定，一是班级不设值日生，每个人都是值日生，环境保护从自己做起，公共责任区由学生自觉去做；二是考试免监考，人人都做诚信之人。

2. 班务日志

学生生活是美好的，同学之间的友谊是纯真的，用笔来记录每天的学校生活，让学生一起体会校园生活的多姿多彩，将来毕业时每个人留下一段美好的回忆，是我们班创建班级日志的初衷。

相比于班规，我们的班务日志特点是柔性的，由模块管理小组每天记录当天班级中发生的大事、趣事、有意义的事，记录他们认为值得记的事。

除了无与伦比的惊讶和欣喜，渐渐地班务日志对我、对学生又有了新的含义。除了留住回忆，它似乎还有很多其他的好处。

第一，拉近了我和学生的距离。班务日志就像一部纪录片，使老师能够客观、真实地了解学生的所做、所想，使我多了一双耳朵可以听到学生的心声、多了一双眼睛可以看到班级发生的事。通过学生的描述，一幅幅生动活泼的画面展现在我的眼前，仿佛我自己也是他们其中的一员。

第二，提供了相互鼓励、交流的平台。翻阅学生们所写的班务日记，倾诉学习压力、交流感受、为同学加油……图文并茂，幽默诙谐，细细品味，内心不由产生一种奋发向上的力量，可以说，这种激励是不可替代的。

第三，成为师生的一面镜子。日志中必有的栏目是“好人好事”和考勤，学生们喜欢读日志，当然希望自己成为被表扬的人，而不是反面典型。因此班务日志也是对这两项的变相考评。对于老师来讲，它也是一面镜子，从学生的心理去审视教师，对于教师来讲，可以使我对自己的教育方法进行适时的调整。

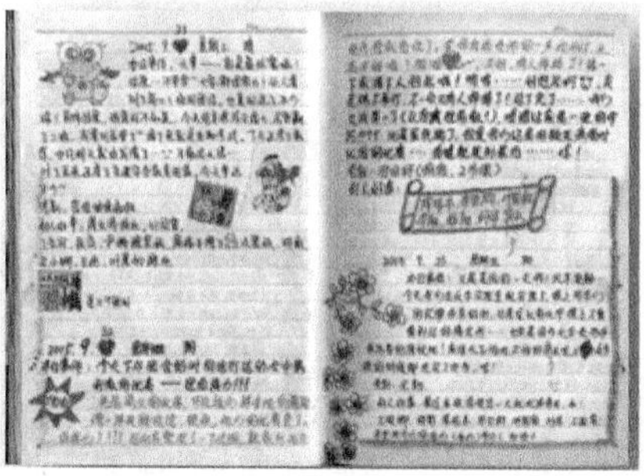

3. 量化评价

除了班务日志，我们还有量化的过程性评价。量化管理是学校管理中普遍实施的行之有效的一种管理制度。量化作为一种手段，评比不是目的，是要通过这样的方式促使学生形成良好的行为习惯和道德品质。

评价在每学期末进行，评价时每名学生对其他所有学生进行评价，然后计算每名同学每一项的平均分。评价共分九项，每项得 1 分，7 分不含以下为不合格，9 分(含)以上为优秀，其他为合格。评价采用全班不记名民主评价，评价人包括学生、任课教师、班主任及学生本人。

诚信。主要考查作业、课堂小测验、考试及为人做事等方面，若有违反一次扣 0.1 分，最多扣 0.5 分；

服务。考查在无值日生制度下能否主动擦黑板、擦地，能否自觉为集体的环境卫生做贡献；考查能否在模块式班级管理小组内主动参与、积极行动，为班级建设出谋划策。做得好的该项满分 1 分，否则酌情扣分，最多扣 0.5 分；

环保。主要考查在班内能否保持自己周围环境卫生、学习用品是否合理放置，桌面是否整洁，在校内外能否自觉环保等。该项满分 1 分，最多扣 0.2 分；

服装发型。主要考查能否按学校要求做。该项满分 1 分，最多扣 0.2 分；

文明礼仪。主要考查语言是否文明，行为是否得体。该项满分 1 分，最多扣 0.2 分；

纪律。主要考查课上、课下、集会广播时的表现，该项满分 1 分，最多扣 0.3 分；

手机。该项满分 1 分，不按规定使用手机一次扣 0.1 分；

课间操。包括广播操、跑步、眼保健操，考查动作是否标准、态度是否认真、动作能否与其他同学保持一致。该项满分 1 分，最多扣 0.2 分；

团队合作。主要考查在集体活动、模块管理、合作学习中能否与团队保持协作。该项满分 1 分，最多扣 0.5 分；

其他：满分为 1 分。符合下列各项的记为 1 分：

(1)班干部、课代表、小组长：责任心强，有奉献精神，以身作则，组织能力强；

(2)普通同学：由全班同学评定，活动中表现积极，班级建设中主动参与，乐于帮助同学，乐于为集体奉献；

(3)有责任区的同学，能够保持责任区的整洁、美观，并有创意。

不符合上述各项的酌情扣分。最多扣 0.8 分。

说明：每扣 0.1 分算为 1 人次，全班同学若有一半(含)以上人次给某项扣分，则该项最后记 0 分；若某项相对于其他非 0 分项被扣分较多，但未达 0 分项则记为 1 分。最后总评等级分为优、合格、不合格三个等级，作为过程性评价的主要参考项。

让每位学生明确班级量化管理的标准和具体要求，这样做是使每个学生做到心中有数，做到有的放矢，这是量化管理的前提。充分调动班级管理的各方面的力量，共同讨论量化的标准，这是量化管理落实的关键。班级管理并不是班主任一人的事，各任课教师、班干部、课代表、小组长、每个学生等都有自己的责任。同时，量化由学生和老师共同制定，执行力度自然加大。任课教师在教学过程中应充分发挥班级量化的作用，使班级量化落到实处。模块管理小组做好每天的日常管理记录，以对评价的客观公正起到积极作用。

五、主题活动

一个好的班集体应该经常开展丰富多彩的班级活动，构建“开放、多维、有序”的班级活动体系。班级活动蕴含着丰富的教育资源，可分为日常活动和主题活动，它们不仅是班级组织形成和发展的主要因素，也是开发学生身心素质潜能的时空条件。班级建设必须建构一个由自主性的课堂教学活动、选择性的课外活动、创造性的社会实践活动有机组合的开放、多维、有序的共同活动体系，从而为每一名学生提供发现、尝试、锻炼和表现自己天赋与才能的自由时间和空间。在活动主题的选择和活动方式上应遵循以下原则：

主题内容贴近学生成长的实际。班级形成以学生成长为主线的活动系列，主题的选择应来自于学生当前发展问题的判断和成长需要的认识，各项具体活动的设计从多个方面深入围绕主题进行。比如班级设计以礼仪为主题的“文明礼仪伴我行”系列活动，通过“学礼仪知识主题班会”“不文明现象漫画展”“做文明使者演讲比赛”等活动构成，成为班级学习民族文化、展示礼仪文明风采的重要形式。

主题性活动的开展应体现学生的全员参与和收获。主题活动的开展从准备、实施、总结到反思，都是学生主动参与、建设的过程。在不同年龄阶段，学生的参与意识和能力是有差异的，这正是主题活动的出发点。通过系列的主题活动，最大限度地吸引学生全面参与，提升学生的素养。初中的活动形式活泼、开放，高中的活动内涵更丰富。但是无论哪种形式都强调全员参与，活动由班主任指导、策划，学生设计活动，经历一次次讨论、一遍遍修改的活动方案再由全体同学共同执行，这个过程中学生收获最大，感悟最多。有的同学经历了班会的准备过程后彻底改变了对班干部的不屑，并发现了自己的才能，主动参加班干部竞选，成为一名乐于为大家服务的优秀学生干部。

主题活动要达到使学生在活动中有新的感悟和变化，避免形式主义的目标。学校在发展过程中，除了正常的教学活动外，还会举行各种形式的活动来树立学校形象，从而获得他人的认可。如果活动没有建立在学生真实感受的基础上，而是表面的、烦琐地搞形式主义，那么教育的效果就会适得其反。相反，如果主题性活动关注的是学生生存和发展问题，活动的设计就会吸引学生真实地投入其中，那么不仅能够解决学生成长中的问题，而且也会促进学生的发展。

主题性活动要丰富而富有创意。围绕主题而设计的系列班级活动，需要进一步细化主题，制定每一次子活动的主题。然后根据班级学生的特点、组织特征和独特性来选择活动的方式。当然，重要的是围绕主题有效地开展各项活动。对于学生来说，过于老套和千篇一律的活动形式，会打消学生参与活动的兴致。而新颖、独特、有创意的活动方式，则能吸引学生的广泛参与。这取决于我们的观念、艺术的设计。

(一)主题班会——系列教育活动的主要形式

定期开展主题班会，有计划、有目的地落实德育教育目标，是班级建设不可忽视的教育形式。利用主题班会开展系列教育活动，灵活、自主、针对性强。比如为了习惯养成，可以经常开展小而精的活动，根据学生的实际需要及时调整内容和形式。每次活动都应有一个具体目标和任务，都能够解决一个或一类问题。

胸怀感恩之心

我们班在2009年2月26日召开了一次令人难忘的主题班会：文明礼仪系列活动之一——感恩的心。

1. 班会背景

(1)如何评价一个学生的好坏，单凭学习成绩吗？人的智能表现在多方面，不仅仅是学习。如果老师能从多方面评价了解学生，会更有利于学生的发展。另一方面，学生对老师的了解有多少？除了课堂上的交流，课下很少有机会进行情感的交流，而这种交流恰恰能促进师生间的理解，更能有助于建立师生间的友谊。

(2)我们班很重视班级文明习惯的养成，平时从小事抓起。新学期伊始，我班开展了“文明礼仪伴我行”活动，针对我班的特点制订了具体的活动方案。具有一颗“感恩的心”是文明礼仪的具体表现，我们班委会和管理小组设计了这次主题班会。

2. 班会目的

为师生交流提供一个平台，通过班会组织与准备让同学“体验”“感受”师爱，通过节目与活动表达同学对老师的感激，通过师生互动增进师生的相互了解。最终达到促进情感交流，使师生关系更加融洽，促进学生文明素养的提升的目标。

3. 班会的准备与组织

赫老师与班干部、值周组共同确定了班会的主题后，我们做了具体分工，有总策划、总导演、主持人。寒假开始策划，开学之初用两周的时间进行全员准备。当班长向全班说明了班会的主题和意义后，同学们非常积极踊跃，主动参与策划，没有人拒绝自己领到的任务。

班会分为三个环节：

环节一：感谢同学

由几位善于写作的同学根据把大家提供以及自己经历的班级中同学之间的感人事迹写成精美的文章，配上相应的照片，在班会上让同学们再次感受那一幕幕动人的场面。

环节二：感恩老师

全班先以文章的形式记述任课老师最感动自己的一件事或几件事。同学们纷纷回忆、交流自己的感想，老师们一件件感人的事件纷纷呈现出来，最后把每位老师的事迹总结成一篇发言稿，再配上我们平时搜集到的老师的照片，便完成了一个环节“我们心中的老师”。老师们一个个令学生感动的故事、一幅幅真实的画面、学生们一句句真情的话语，让在场的人无不为之动容。

当老师们正惊讶于学生对他们的观察如此之细，感情如此之深，还沉浸在故事中时，全体同学的一曲“感恩的心”把班会推向高潮。

环节三：师生互动

杨文澈同学迫不及待地首先提问：“老师们，您们是否有自己难忘的老师?”受学生的感染，各位老师动情地回忆起自己的老师。同学们认真倾听每位老师的发言，报以最热烈的掌声。我们准备了很多问题，有学习方面的、知识方面的、思想方面的、价值观方面的，由于时间有限，只能问几个问题，所以有些问题只好“忍痛割爱”，留着课下与老师交流。

4. 我们的收获

我们用了四十多分钟的时间在本班教室召开了这次班会，几乎所有的任课老师都来了。这次班会使我们再一次感受了来自老师的“爱”，让我们第一次与全体任课老师进行零距离接触。他们是师长，但更像是朋友，他们渊博的知识和人格魅力感染着在场的每位同学，我们之间的感情似乎更加融洽了，我们对自己也更加有信心了。当我们为老师献上一朵玫瑰花的时候、当我们用自己的语言表达对老师的敬意的时候，我们的老师眼睛湿润了。

这次班会使同学们受到了一次教育，增进了我们和老师之间的了解，我们真正成了朋友。

高二(1)班班委会

2009年2月26日

(二)学校活动——参与中成长

每个学校都会定期组织一些班级大型主题教育活动，各个班级既是活动的参与者，也是活动的受益者。班主任一定把自己班级的教育活动与学校的活动有效结合，让教育活动发挥最大作用。组织学生积极参与，在参与中收获成长。为了培养学生自觉进行体育锻炼的意识，提供展现集体风采的舞台，学校每年要开展体育运动会和体育节活动。

我们班的学生学习上的积极性、自主性全校闻名，但是多数学生不爱运动。体育节是一个鼓励学生锻炼强健体魄、培养健康身心的好时机。我鼓励孩子们积极报名参与，每个项目都有专门的两名同学负责组织，最不爱运动的两个同学负责啦啦队的组织，营造的气氛可谓浓厚。每一场比赛都惊心动魄，对我们而言每一场都是意志和品质的较量，在啦啦队的呐喊中、在仅有的两三名爱运动的同学的精心组织下，居然以弱胜强，取得了优异的成绩。赛前其他班级都把我们当成最好对付的对手，根本不放在眼里。第一场足球赛赢了以后，孩子们兴奋起来，在奋勇拼搏、不断超越中展现坚韧意志和团队精神。体育节中学生们见证了体育带给人们的美，享受了在运动中成长的快乐，诞生了“最强啦啦队”“超级老王”“无敌自由人”“英雄轩哥”等快乐的称号。

然而，突发事件也是活动中不可避免的，跑动中磕磕碰碰是常事，摔倒擦伤学生也许并不在意，但是心灵受到伤害可不是小事。老师要注意了，任其发展不管不问可能会引发学生间的冲突，管得不当也可能激化矛盾，更可怕的是会影响学生的价值观。这样的情况既是棘手的问题，但也可以成为最佳的教育契机。不久前，我就遇到了这样的事情：

2017 年 3 月 8 日中午，我们 1 班与 3 班举行足球比赛，由于第一场赢了，同学们对这场与 3 班的比赛赋予众望，其实场上的几个孩子平时几乎都不太会踢球，所以尽管用尽洪荒之力，还是以 0∶1 告负，我看大家对这个结果也是接受的，回到班级学生们对场上队员报以热烈掌声。没承想，赢得比赛的 3 班同学不高兴了，赢了球还不高兴，为什么？原来是因为我班几个女同学输球后寻找平衡：“我们比学习，学习上我们有天壤之别……”我在班级很严肃地讲了 3 班同学不高兴的原因，并让学生做了一次讨论，从体育运动的意义到比赛的价值，从我们的优势到自己的缺点，从我们强大的团队意识，到我们对手的优势，从比赛的结果到体育运动精神。同学们逐渐意识到，自信勇敢、公平竞争及团队合作、健康文明、积极向上才应该是我们追求的目标。尊重对手是公平竞争的体现。

在我的主导下学生进行了以下反思：

从尊重对手开始

解题的时候我们要尽力把复杂的条件简单化，何况本来就没什么复杂的条件，更不应该扩大事件本身，把过程闹得如此不愉快了。本只是场简简单单的足球赛，作为场下观众，我们只应该好好享受这精彩的比赛和珍贵的少年活力，而不该太计较输赢。拔河比赛输了，我们开玩笑说这是一场“体重的较量”，其实也是种无奈和自嘲，大家笑笑就都过去了。但足球赛之后我们的话反而成了一种对对方的鄙视和自傲。也许因为一班在比赛前信心满满，而输掉后情绪失落；或者三班人与我们之间不太友好的言语冲撞，我们心中多少会有些不平。但确实不应该把体育竞技与学习成绩硬凑在一起。

在这场比赛中双方都踢得很精彩，都获得了不少的尖叫和掌声。看到自己的弱势，急急忙忙搬出“撒手锏”嘲讽对方，这不是君子和智者的做法。我们输掉比赛的态度，应该体现在对对方的赞美与欣赏，和在下一次比赛中取得胜利的决心中。我也自责自己的不宽容和目光短浅。另外，昨天下午三班的几个球员在认真地准备第二天的比赛，五点钟还没走。可以说他们是十分重视这场比赛的(不是说一班不重视)，今天他们在场上也表现出了自己努力的成果。希望下一次，我们可以在心里默默地为他们赞美，至少也要表现出对别人努力成果最起码的尊重。

这几天的一个小感触：我一直身处年级前几名，所以在这个年级里，我常常会感到骄傲；我在全区里成绩不算好，所以对于重点校的学生，我是崇拜又忌妒的，这样的心理导致今天我没有表现出一班的君子风度，甚至附和那些不正确的言论。在此我感到自责与懊悔，我不知该如何挽回自己之前或者藏在心底，或者显现出来的傲慢和对人的不尊重，只好决心以今天的事为教训，在以后的学习生活中，见人取长补短，尊重每个人的努力成果，提高自己的内在修养。同时也让我们的一班越来越像“标杆班”。

我们的努力与拼搏

今天男篮女篮总决赛赢了二班，都是一场硬战，无法用言语诠释在场上的激动的心情。

女篮比赛原本 2∶0 的成绩落后，我差点失去信心，变得十分着急，连最基本的运球都不稳了。以我的体型和体重抵不过“崔姐”，高璨就像一堵肉墙，死死地扣住 txy，张亚慧和 hyy 实力不分上下。这局势使得一班女篮队员和观看比赛的同学都变得无奈。

二班叫了一次暂停后换了人，高璨打不动下场了，同时我们三个人也冷静了一下，分析了一下战术和打法。后来找了一个机会我投了一个三分球，追平了比分 2∶2，一瞬间一班女篮又被振奋了，大家又有了力量不再疲惫、不再绝望！txy 没人防得住了，挡拆、投篮、跑位，女篮再次打出了完美的配合，又一次心有灵犀地扭转了局面！

后来以5：4战胜过了二班。当裁判员吹哨结束比赛的时候，我激动得尖叫了，差点没忍住要哭出来，我们成功了，努力终会有回报！我们抱在一起激动得说不出话……

这场比赛打得艰难，可是最终没有辜负同学和老师的期望，我膝盖有伤，txy肚子疼，hyy右腿伤了，可我们始终没有放弃！对，绝不会放弃！

接下来的男篮比赛同样煎熬，轩哥膝盖有伤，一次次的旧伤没有好，新伤又再次覆盖上去，一定会很痛苦。可是他让我出乎意料，帅气的上篮、过人，没有让我们担心，一个个进球都堪称完美，各种花式进球，还有各种过人，各种淡定的场上系鞋带……寇奕铭就是我们的最强助攻，一次次挡拆，一个个盖帽，协调的跑位，总是和队友协调地配合。我们的大中锋老王也超级厉害，每一个篮板球稳稳地拿下，每一个补篮从来没有让我们失望过，即使三个对手同时拦住老王，他还是会跳起来把球投进去。

男篮比女篮打得漂亮，然而大家都尽力了！赛前我们说过：一班一定不会输！然后我们实现了……因为轩哥说过："第二名，就意味着你是头号输家……"

也感谢所有啦啦队的同学们，谢谢你们场上的声音，谢谢你们后勤的保障……知道你们喊破喉咙也想让我们得分的心情，知道我们失球后你们的担心，这成绩算是给你们最好的回报，真的感谢你们！

二班是个强大的对手，你们打得很棒，我们年级任何人都单挑不过崔姐吧，知道你们也很拼，感谢你们的努力，这场漂亮的比赛只有你们才有资格对抗一班。

最后一场篮球比赛，最后一次决赛，最后一次体育节，都是最后一次了，剩下的时间真的不多了，谢谢你们给我无悔的青春添加了一次美好的回忆。这辈子想起来都不会后悔。

一班永远是我的骄傲，跟你们在一起的时光是我最幸福的时刻。真的，我们向年级证明我们不是书呆子，我们有理想有希望，这才是真正的我们！

(三)特殊任务

社会实践活动是学校教育向课堂外的一种延伸，新课改以后，社会实践活动成为学校"综合实践活动"课程的一部分，以课程形态出现，使学生能够接触生活、融入社会，通过参与和体验，培养创新能力，增强对社会的认识和理解，增强社会责任感和服务意识。

但是长期以来，很多时候学生寒暑假期要完成的作业多是清一色的面孔：强调的是知识学习。一些孩子在假期还要上各种补习班、兴趣班。这样的学校作业加上课外班的作业，作业量可想而知，难怪有的学生不想放假，相比之下上学比假期还轻松。有的同学无奈地说“假期停课不停学，我想停课更想停学!”许多学生在整个假期里都不愿意写作业，直到开学才不得不写，有的敷衍了事，有的甚至请了“枪手”。寒暑假期间应该增加一些实践活动，让学生走出家门、接触社会，参加一些“非智力”的活动。自 2004 年开始，作为班主任，我尝试一种新的假期作业——德育作业，大致分三个类型：

第一类，社区作业。由家长帮助联系，学生以小组为单位走进社区，了解社区的基本情况、为社区建设建言献策，进行社区服务等。学生长期在校园里学习，对外边的世界参与度较低，社会实践能力也较弱。学生的学习目标不能和社会有效接轨，因此，在假期来临之际，让孩子们走出书本的狭小天地。学校和家长应该积极配合孩子搭建社会实践平台，为孩子提供和外界交流的机会，让学生增强与社会接轨的意识，提高其社会认知度。

第二类，亲情作业。学生做短期家务主管，全权负责家中日常生活的安排。这项作业是班级感恩系列活动的延续。当下中小学生对父母亲人的感恩意识较弱。其原因在于很多家长只关注孩子的学习成绩，甘愿付出所有的精力和大量财力，过分地溺爱，造成学生对父母的关心反应冷淡，甚至导致一些学生缺乏积极乐观的生活态度，没有反哺意识。因此，在学生与家长接触较为集中的假期时段里，不妨给学生留一些亲情作业，以助学生感恩意识的养成。这不仅对学生人格塑造有积极的意义，还会增强学生的幸福感，增强其努力学习的动力。有的学生做这项作业后给妈妈买了副手套和一支护手霜，有的孩子不再乱花钱，更多的孩子认识到父母的辛劳，开始主动做些家务。

第三类，拓展训练。鼓励学生参加一些拓展训练项目，以增强毅力、耐力训练。很多学生尤其是城市里家庭条件较好的学生，往往缺乏拼搏精神。在假期中有针对性地给学生布置一些在逆境中完成的作业，让学生学会面对挫折和逆境，获得不一样的收获。

学科素养的实践

2007年，作为高中数学教师，我接受了新一轮的课程培训，认识了新的课程体系的变化，数学课程给学校和教师留有选择的空间，可以根据学生的基本需求和自身的条件，制定课程发展计划，不断地丰富和完善供学生选择的课程。虽说老师们的观念在学习与实践中逐渐转变，但是面对新教材，老师们最大的困惑仍然是怎么教的问题。每一次教研活动，大家讨论最多的也是“怎么教”。数学课堂教学该怎样进行，教什么，怎么教？一直是每一位数学教师思考和困惑的问题。为了更好解决老师们的实际困惑，当时除了参加进修学校面对全区数学教师组织的大教研活动，我们几所学校也进行小范围的联合教研活动，如备课研讨、公开课、研磨试题、与专家和教研员的面对面交流，在一次次学习和反思中，大家从关注数学的知识点到整体认识课程、把握主线，从关注如何教到关注学生怎样学。经历了这段时间的实践，我们也认识到，从数学计算能力、逻辑推理能力和空间想象能力这三大数学能力，到增加了抽象概括能力和数据处理能力的五大能力，再到六大核心素养的提出，不仅仅是文字上的变化，更反映了对数学课程认识上的变化和与时俱进的课程立意的变化。

作为数学教师，需要从观念认识上定好位，才能在实践中把握得好。在“以人为本”“立德树人”的教育改革指导思想下，数学教学将更关注能力的培养、数学素养的形成。数学核心素养由数学抽象、逻辑推理、数学建模、直观想象、数学运算、数据分析等部分构成。① 可见，数学核心素养既包括外显的能力，又包括内在的思维品质。

数学学习和研究从不满足于特殊情况的结论，而是去探索、研究对象的一般规律，寻求解决问题的一般方法；从不满足于局部范围的统一，而是通过扩展原来的概念和理论去寻求更大范围的统一，发展和构建新的结构和理论。这种数学发展与数学学习的过程，形成了数学的特定思维方式。即首先

---

①刘祖希：《我国数学核心素养研究进展——从数学素养到数学核心词再到数学核心素养》，《中小学教材教学》，2016年第7期，35—40页。

对具体问题或具体素材进行考察，经过分析，找出事物最简单的本质出发点，然后寻求问题的一般解决方法，最后通过逻辑推理形成严格的体系。因此，数学教学既应该有生动活泼的探究过程，也应有严谨理性的推理过程。通过培养和发展学生的数学思维能力，培养实事求是、严谨认真和勇于创新等良好的个性品质。本章将以案例的形式谈谈在教学中对学生核心素养形成的思考与实践。

一、数学抽象

数学学习不仅仅需要掌握数学知识和技能本身，还应该了解知识、结论的发生和形成的过程，能够从特殊到一般、从具体到抽象，能够从一些现象中，总结数学规律，发现数学本质。因此，数学教学不仅要重视培养学生演绎推理的能力，同样，也应重视培养学生抽象概括能力。

1. 实物抽象是抽象的一种重要形式

这个层面的抽象，实际上是立足于已有的生活经验和社会现实，进行第一步抽象，即以实物为对象进行抽象，到刚刚超越实物而尚未完全脱离实物即结束①。对于数学教学而言，实物抽象是一种常用的抽象形式。在初中的教学中，从实物到模型，进而符号化的抽象过程是必要的。例如，在有理数的乘方的教学中，课堂上用文字和图片呈现出手工拉面的制作过程，拉面师傅将面和好揉成一条后，拉长对折，再拉长再对折，如此反复下去，再问 5 次操作后有多少根面条。从这样一个有趣的实物情境中抽象出数学问题，能很快引起学生的兴趣，符合学生的认知特点。在轴对称的学习中，首先观察现实生活中的大量实物图片，从自然景观到艺术作品，从建筑物到交通标志，以及日常生活用品，从这些实物中抽象出轴对称图形。又如，通过各种实物模型，让学生认识圆柱、圆锥、正方体、长方体、球等几何体。实物抽象应在教学中得到充分的重视，一方面是因为从本质上来说，数学研究的是抽象了的东西，而这些抽象了的东西是来源于现实世界的。另一方面是从认知程度上，学生认知能力的发展不可能一下子就达到高度抽象的程度，需要一步步提升。

2. 概念教学是培养抽象能力的重要途径

从教育心理学的观点出发，概念教学的核心是“概括”。在概念教学中，

---

①张胜利、孔凡哲：《数学学抽象在数学教学中的应用》，《教育探索》，2012 年第 1 期，68—69 页。

用典型、具体的事例为载体，引导学生通过观察、类比、归纳、猜想等过程，发现它们的共同属性、抽象概括出它们的本质属性，从而获得数学概念。概念教学要让学生经历获得概念的过程，这样有利于培养学生的数学抽象能力。

(1)创设问题情境，揭示概念本质

中学数学中的概念往往有其一定的生活背景，通过对一些背景资料的挖掘，让学生明白数学概念就是从日常生活中某些特定问题抽象、类比而来，再用数学符号进行表示。这样抽象、类比的过程就是揭示事物本质的过程。以分式的概念教学为例：在研究整数和分数的过程中，为了反映一般规律，抽象出整式和分式的概念。从分数到分式认识是一次数学抽象的过程，也是从算术思维过渡到代数思维的过程，这个思维的过程经历三个步骤：首先是从数字到符号，从具体的数到符号“$\frac{A}{B}$”，让学生有了对符号的认识；其次是从特殊到一般，分式不局限于具体数值的计算，而更加注重运算规则的理解和运用；最后是从形式到结构，分式的学习要让学生理解形式符号背后的代数结构。分式也是数，与分数具有相同的形式，但是分式中的分子分母表示的是整式，并且分母的值不为零。在学习中，大部分学生都习惯于在过程的层面上去操作具有分式特征的代数形式，而不是作为一种相等关系来处理，比如把方程仅仅作为一种运算来操作，并没有关注其内涵的等量关系。而具有分式结构的方程和函数表现是一种等量关系。

每一个数学概念、数学公式、数学的结果，都与其他的数学知识、与其他学科、社会生活、日常生活的经验有着密切的联系，一定不是无源之水、无根之木，因此数学抽象不能离开具体的背景和情境。分式概念的获得也是如此，需要考虑如何设置问题情境？一种方式是开门见山，直接给出定义，这种方法能很快让学生知道怎样的代数式是分式，但这种被动接受知识的过程，不利于学生素养的形成。学生不知道为什么要学习它，也没有学到将来可以用怎样的方法获得这类知识？另一种方式是从运算的角度引入，比如给一些整式，让学生用其中的任意两个，用四则运算构造四个算式，当然也就构造出分式。这种引入从数学的逻辑上是没有问题的，也比第一种方法具有“发现”的味道，但是这种做法会给一些学生的学习增加不必要的困难，也不符合课程标准的要求。还有一种方式是从实际问题入手，学生从实际问题中获得新的代数式，分析这些代数式，找出他们的共同特征，抽象出本质属性，从而获得分式的概念。我们知道，分式和分式方程作为一些实际问题的数学模型，具有整式不可替代的作用。这样的概念教学过程，既让学生明确研究的对象及研究的思路经历了数学抽象的过程，也让学生感受到知识的实际背景是符合课程理念和知识本身的意义的。

再以导数的几何意义的教学为例，教师可以以问题引导学生经历数学的抽象过程。首先引导学生从导数的代数意义入手，回顾导数是函数 $f(x)$ 在 $x=x_0$ 处的瞬时变化率，从数的角度体会导数本质。接着提出“导数的本质是从代数(数)的角度来揭示导数，它是否具有形的含义?”这一问题，引导学生对代数形式进行几何化分析。然后让学生分析求导数时每一步的几何意义，发现当 $\Delta x \to 0$ 时，$B(x_0+\Delta x,\ f(x_0+\Delta x)) \to A(x_0,\ f(x_0))$，此时割线 AB 有一个无限趋近的确定位置(这个确定位置上的直线叫做曲线在 $x=x_0$ 处的切线)。此时引导学生归纳，当 $\Delta x \to 0$ 时，割线 $AB \to$ 切线 AD，割线 AB 的斜率$\to$切线 AD 的斜率，于是得出 $f'(x_0)=\lim\limits_{\Delta x \to 0}\dfrac{f(x_0+\Delta x)-f(x_0)}{\Delta x}=$切线 AD 的斜率，所以函数 $f(x)$ 在 $x=x_0$ 处的导数 $f'(x_0)$ 的几何意义就是函数 $f(x)$ 的图象在 $x=x_0$ 处的切线 AD 的斜率。

在经历探究“导数的几何意义”的过程感受知识的发生过程，通过数与形的对应，建构“导数及其几何意义”的知识结构，概括“导数的几何意义”，体会“数形结合”的数学思想方法。

接着引导学生对切线的概念进行进一步的归纳和理解，通过逐步逼近的方法，将“割线趋于的确定位置的直线”定义为曲线的切线，得到切线的最具本质的概念。在初中，利用交点个数来描述切线是相对于具体曲线而言(比如圆的切线)，“交点唯一”不是切线的本质属性。到了高中学习导数后对切线的定义才有了进一步的完善。这个例子也说明由于数学概念的高度抽象性，对它的认识不可能一步到位，需要有一个螺旋上升、在已有的基础上再概括的过程。又如函数概念，需要区分不同年龄段的概括层次(变量说、对应说、关系说等)，也就是教学与学生的认知水平要相适应。

(2)挖掘内涵外延，深化概念理解

概念的内涵是概念所反映的事物的本质属性，概念的外延是概念所反映的对象的范围，即具有概念内涵的对象的全体①。

选择一些有利于对概念正面理解的材料和一些变式材料，让学生从正反两方面准确地理解新概念。例如函数是数学中最重要的概念之一，也是数学的核心概念之一，既重要又抽象，对概念的理解是教学上的一个难点，对学生而言，正确而深刻地理解这一概念有一定困难。教学中通过一些变式练习，能够加强对概念的理解。

问题 1：矩形的面积为 10cm^2，矩形的长为 $x$cm，宽为 $y$cm，请把 y 表示

---

①李求来、昌国良：《中学数学教学论》，长沙：湖南师范大学出版社，2006 年。

为 x 的函数.

问题 2：把截面半径为 25cm 的圆形木头锯成矩形木料，如果矩形的一边长为 $x$cm，面积为 $y\mathrm{cm}^2$，根据你对圆内接矩形已有的知识和函数的概念，请把 y 表示为 x 的函数.

问题 3：矩形的面积为 $10\mathrm{cm}^2$，矩形的长为 $x$cm，宽为 $y$cm，对角线为 $d$cm，周长为 1cm，你能获得关于这些量的哪些函数？

教师可以让学生独立思考后写出自己认为正确的“函数式”，然后讨论交流，辨析哪些是正确的，哪些是错误的。通过上述过程，学生对函数的概念理解不断加深。

二、逻辑推理

数学中的逻辑推理能力是指正确地运用思维规律和形式对数学对象的属性或数学问题进行分析综合、推理证明的能力。这种能力不仅仅体现在几何推理中、代数证明中，更应该体现在分析问题的思路中、解决问题的步骤中以及表达问题的条理中，这种能力可以在解决数学问题、数学习题的练习中得到提升。数学学习中，习题的练习是必不可少的，解题的过程是应用数学知识解决问题的过程，是加深对数学概念、原理的理解，巩固知识、形成技能，发展学生逻辑推理能力的过程。因此，提高数学解题能力，有益于逻辑推理能力的提升。数学解题的能力提高不是一蹴而就的，需要教师有目的和方法的引导。

1. 培养认真审题的习惯

认真审题是一种态度，也是一种能力。有的学生马马虎虎，解题时分不清条件结论、找不出关键条件，无法从题目所给信息中获取解决问题的关键信息。有时自己读不懂题，老师给他读一遍他立刻就知道怎么解题了。老师并没做任何解释，只是读题时通过阅读语气的变化将已知、所求等关键条件突出表现出来。

审题能力的培养首先要从阅读开始。要让学生在日常学习中养成阅读的习惯。多让学生阅读教材、会读教材，对文字的描述进行数学语言的转化，不惧怕阅读、会阅读，对数学解题能力会大有好处。下面的反例说明了学生阅读方面的困难及习惯对解题的影响。

【案例 1】(2017 年海淀区八年级第一学期期末统考试题）老舍先生曾说“天堂是什么样子，我不晓得，但从我的生活经验去判断，北平之秋便是天堂。”

（摘自《住的梦》）金黄色的银杏叶为北京的秋增色不少。

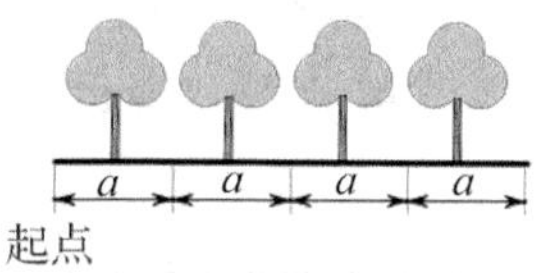

小宇家附近新修了一段公路，他想给市政写信，建议在路的两边种上银杏树。他先让爸爸开车驶过这段公路，发现速度为 60 千米/小时，走了约 3 分钟，由此估算这段路长约_________千米。然后小宇查阅资料，得知银杏为落叶大乔木，成年银杏树树冠直径可达 8 米。小宇计划从路的起点开始，每 a 米种一棵树，绘制示意图如图：

考虑到投入资金的限制，他设计了另一种方案，将原计划的 a 扩大一倍，则路的两侧共计减少 200 棵数，请你求出 a 的值。

学生认为此题并不难，然而此题的得分率很低，错误主要集中在对“路的两侧共计减少 200 棵数”这个条件的不正确使用，忽略关键词“两侧”导致错误。

一般情况下，对于比较熟悉的问题情境，学生弄清题意并不困难，但对于题目中的已知条件较多、关系比较复杂综合题，审题时往往需要做一些转化，包括把隐性条件转化为显性条件，把一种形式的条件转化为等价形式的条件。提高学生从所给条件中获取信息的能力，是提高学生审题能力的关键。

2. 强调数学概念的作用

数学中的基本概念反映了学科知识的本质，是数学思维方法最重要的载体。逻辑思维来源于教师和学生对数学基本概念的深刻理解。① 对于某些问题，没有对基本概念的理解，很难得到正确的结论。从基本概念、原理出发，将条件和结论转化为符合基本概念内涵外延的形式，就成为解题的基本过程。

以高中函数学习为例，学生对概念理解难点在于其形式化、抽象性。很多学生一直没真正理解 $y=f(x)$ 这个符号的具体含义，导致在涉及这个符号的解题过程中经常出错，课本中的定义是这样的：

设 A、B 是非空的数集，如果按照某个确定的对应法则 f，使对于集合 A 中的任意一个数 x，在集合 B 中都有唯一确定的数 $f(x)$ 和它对应，那么就称 f：$A\to B$ 为从集合 A 到集合 B 的一个函数。记作：$y=f(x)$，$x\in A$. 其中，x 叫做自变量，x 的取值范围 A 叫做函数的定义域；与 y 的值相对应的 y 值叫做函数值，函数值的集合 $\{f(x)\mid x\in A\}$ 叫做函数的值域。也就是说，“$y=f(x)$”即是“y 是 x 的函数”的表示。由于对这个概念的不理解，使很多学生在

①张鹤：《数学教学的逻辑——基于数学本质的分析》，北京：首都师范大学出版社，2016 年。

解决下面的问题时出现错误。

【案例 2】已知函数 $y=f(2x+1)$ 的定义域是(1，3)求函数 $y=f(x-1)$ 的定义域。

学生常常出现如下的错误：由于 $1<2x+1<3$，所以 $0<x<1$，所以 $-1<x-1<0$，于是得到 $y=f(x-1)$ 的定义域为$(-1，0)$。

问题出在哪里？问题在于学生对函数表达式的错误理解。上述解法中，学生没有正确理解 $y=f(2x+1)$ 与 $y=f(x-1)$ 的自变量是谁，错误地把 $2x+1$ 和 $x-1$ 当成自变量。一般的学生都清楚，在 $y=f(x)$ 中，x 既是自变量也是 f 直接作用的对象。在 $y=f(2x+1)$ 中，x 是自变量，但不是 f 直接作用的对象，f 直接作用的对象是 $2x+1$。在 $y=f(x-1)$ 中，x 是自变量，f 直接作用的对象是 $x-1$。由于法则 f 是同一个法则，所以 f 作用的对象的范围是一定的。事实上，$y=f(2x+1)$ 与 $y=f(x-1)$ 已经不是自变量的同一个函数，两个函数所表现的法则也不是 f。所以此题的关键在于知道 x 是自变量，相同法则 f 的作用对象的范围是相同的，即 $2x+1$ 与 $x-1$ 取值范围相同。这样学生就知道条件中所给的定义域是指 $y=f(2x+1)$ 中 x 的取值范围，而结论中要求的定义域是指 $y=f(x-1)$ 中 x 的取值范围，理解了概念，问题也就得到解决。这类问题很抽象，对于一些学生来说理解起来比较困难，不妨举一些具体的函数来帮助他们理解“谁是自变量”的问题。

【案例 3】函数 $y=f(2x-1)$ 是奇函数，求 $f(2x-1)+f(-2x-1)$ 的值。

实际上，如果函数 $y=f(x)$ 是奇函数，它的等价的代数形式是 $f(x)+f(-x)=0$，对于这个代数形式如果不能正确用自己的语言去解释的话，也就无从谈到是否掌握奇函数的本质了。学生经常错误地用“括号里的值互为相反数所对应的函数值相反”来理解认识这个等式。事实上，正确的理解是：在 $f(x)+f(-x)=0$ 这个等式中，$f(x)$、$f(-x)$ 是函数 $y=f(x)$ 的自变量分别取 x 和 $-x$ 时对应的两个函数值，这两个函数值互为相反数。因此，函数 $y=f(x)$ 是奇函数的本质是“自变量取互为相反数的两个值时所对应的两个函数值相反”。有了对概念内涵的理解，对一些形式化的理解就变得容易了。例如“函数 $y=f(2x-1)$ 是奇函数”的符号表示就是“$f(2x-1)+f(-2x-1)=0$”，而不会写成 $f(2x-1)+f(-2x+1)=0$。

上述例子也体现了代数思维抽象化、符号化的特点。但只有理解了数学概念的本质，才能正确理解形式化的符号。

3. 重视学科思想的把握

数学知识分为不同的板块，不同内容之间既有其自身的学科特征，也有有机的联系，代数、几何、平面解析几何、统计与概率等知识之间有联系，但也各具自己的学科特点。在解题教学中我们需要把握学科思想，才能更好地解决问题。以平面解析几何为例：

平面解析几何是中学数学中独具特色的一门学科。它的学科思想是用代数的方法解决几何问题。对一般的学生而言，在解决有关解析几何的问题时，觉得很困难，最大的问题是在思维层面上还没有真正理解和掌握解析几何的思维方法，将用代数方法解决几何问题理解为就是计算。

【案例 4】直线 $y=kx+1$ 与圆 $x^2+y^2+kx+my-4=0$ 交于 M，N 两点，且 M，N 关于直线 $x+y=0$ 对称。求 $m+k$ 的值。

这道题不少的学生会在是否要将直线方程 $y=kx+1$ 与圆方程 $x^2+y^2+kx+my-4=0$ 联立的问题上踌躇不前，还有的同学利用直线 $y=kx+1$ 与直线 $x+y=0$ 垂直得出 $k=-1$ 之后，为如何算出 m 而苦恼。这些学生的问题都产生于要通过计算得出结果的想法，反而陷入困境中。事实上，应该注意到直线$y=kx+1$ 与圆 $x^2+y^2+kx+my-4=0$ 的几何特征，即①线段 MN 是圆的弦，②弦 MN 被直线 $x+y=0$ 垂直平分，这样就可以进一步分析得出几何特征。圆 $x^2+y^2+kx+my-4=0$ 的圆心在直线 $x+y=0$ 上，而这个几何特征的代数化就是将圆心坐标$\left(-\frac{k}{2},-\frac{m}{2}\right)$代入到直线方程 $x+y=0$，进而得到 $m+k=0$.

【案例 5】以 $F_1(-2,0)$，$F(2,0)$为焦点的椭圆与直线 $x+\sqrt{3}y+4=0$ 有且只有一个交点，求椭圆的长轴长。

学生最容易得到的方法是：设出椭圆标准方程，与直线方程联立方程组，利用 Δ 判别法，求出长轴长。

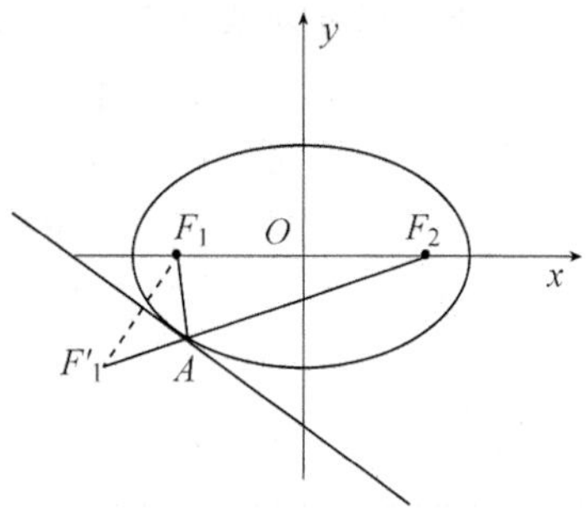

老师一般也不会把这个题作为深化思维的载体。其实不然，这类题同样也承载着众多的思维。换个角度思考这个问题，如图所示，利用对称性，只需求出 F_1 点关于直线 $x+\sqrt{3}y+4=0$ 的对称点坐标 F'_1，则 $|F'_1F_2|$ 即为所求长轴。

第一种方法是纯代数解法，是基本方法；第二种方法是几何的，直观的。

对于优秀的学生，有的老师引导学生将问题转化为直线与圆的问题，看似回归原有认知，其实经历了深刻的思维转化。具体方法如下：

原椭圆为$\frac{x^2}{a^2}+\frac{y^2}{a^2-4}=1$.

原直线为 $x+\sqrt{3}y+4=0$.

令 $\frac{x}{a}=X$，$\frac{y}{\sqrt{a^2-4}}=Y$. $\therefore X^2+Y^2=1$

又 $aX+\sqrt{3}\sqrt{a^2-4}Y+4=0$，

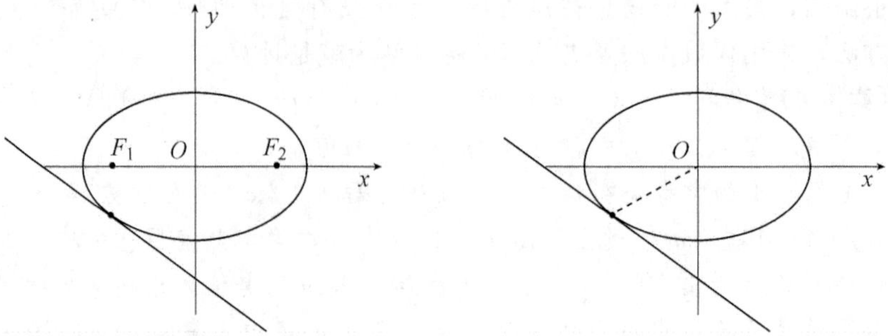

由原点到这条直线的距离公式得：

$$d=\frac{4}{\sqrt{a^2+3(a^2-4)}}=1.\ \therefore 16=4a^2-12.$$

即 $a^2=7$，$2a=2\sqrt{7}$.

用伸缩变换将直线与椭圆问题转化为直线与圆的问题，最后再回归到原椭圆中使问题得到解决。这种方法虽然不是常规方法，但却是一种思维的深化，学生经历了思维的转化过程，体会了知识间的联系。

解决解析几何问题时要引导学生归纳概括出思考解析几何问题的一般思维方法，那就是要分析图形的几何特征，然后代数化，而不是一味去计算。

4. 建立不同方法间的联系

我们在习题教学中，常常会遇到一题多解，一题多解在培养学生的发散思维、提高学生的解题能力方面的作用显而易见。值得注意的是，一题多解的情况，在建立知识之间的联系，实现不同表现形式的相互转化、灵活运用知识方面的表现却常常被忽略。

【案例 6】已知实数 $a\neq 0$ 时，试比较 e^a 与 $a+1$ 的大小。

这个问题包含的两个代数式是最基本的指数式和一次式。在解决这个问题的过程中可引导学生思考下面的问题：用什么方法解决？（学生最先想到用函数图象）？为什么这样想（熟知）？是否可以从函数的观点来研究，用函数的性质解决（构造新函数）？怎样解决（导数做工具）？这种方法还能解决什么问题（所有含有变量的式子都可以以函数观点思考）？

通过对这个看似简单的问题的探究，完成对基本知识和基本方法的回顾。

我们常听老师们抱怨："这个题目都讲好几遍了，学生还是错！"我们不妨做下面这个推断：是老师讲得不到位，学生思维才没到位。如果教师讲解时读完题就匆匆给答案，没有给学生足够的思考时间，是不利于学生能力的提高的。我们不妨问学生下列问题：看到条件你想到了什么？如果把题目中的 a 改换成 x，学生会更容易想到用函数的方法来解决此问题，这是因为学生的思维定式使然。但是用字母 a 更容易暴露思维的真实性，打破思维定式。教师在学生有了一种方法处理完毕后不急于进入下一题，要追问“还有别的想法么?”这样既能做到一题多解，又给学生创造一个展示思维的平台，甚至还能发现一些老师自己没有想到的解法。“这种思路对于本题为什么行不通?”在解题教学中不仅要注重对成功解法的总结与提炼，也要对失败的解法进行反思，以养成理性思维的习惯。

【案例 7】已知 $x^2+y^2=4$，求 $3x+4y$ 的最大值和最小值。

由于这两个式子不仅具有代数意义，还具有几何意义，再加之是求最值的问题，所以此题解法较多。可以从函数的观点出发，从已知条件得到 $y=\pm\sqrt{4-x^2}$，带入 $3x+4y$ 得 $3x+4y=3x\pm4\sqrt{4-x^2}$，再用导数求得最大值和最小值；从方程角度出发，令 $m=3x+4y$，将条件转化为 $25x^2-6mx+(m^2-64)=0$，再由一元二次方程的判别式可得到关于 m 的不等式，进而求得最大值和最小值；从线性规划的角度看，$x^2+y^2=4$ 表示的区域为可行域，目标函数是 $z=3x+4y$，利用线性规划的知识可求得最大值和最小值；从三角函数的角度看，可以令 $x=2\sin\alpha$，$y=2\cos\alpha$，于是 $3x+4y=6\sin\alpha+8\cos\alpha$，再利用三角函数的有界性可求得最大值和最小值；从坐标法看，令 $t=3x+4y$，它表示一族平行线，再利用直线与圆 $x^2+y^2=4$ 的关系求得最大和最小值。

这个题目承载的数学内容和数学信息是非常大的，联系了函数、不等式、导数、线性规划、三角变换、坐标法等知识，实现了同一知识在不同形式之间的转化。

5. 加强联系与综合

数学的学习是从厚到薄，又从薄到厚的过程，在数学教学过程中，不仅是要使知识系统化，还要对所学的知识有新的认识，对解题的思想方法进行归纳或提炼，使方法系统化，让不同层次的学生都有不同程度的提高。知识和方法需要在解题中落实，因此选择或编制好高质量的综合性题目，是培养学生综合应用知识解决问题的能力的关键，是复习课的重点。选题的原则要注意基础性、综合性、启发性。

【案例 8】某棵果树前 n 年的总产量 S_n 与 n 之间的关系如图所示。从目前记录的结果看，前 m 年的年平均产量最高，则 m 值为(　　)

A. 5　　B. 7　　C. 9　　D. 11

这是一道高考题，此题所用的知识是比较简单的，由于给出的是一个实际背景，就在理解题意上加大了难度，在方法的选择上富有思维含量，有利于学生思维能力的培养。引导学生理解年平均产量为$\frac{S_n}{n}$，结合直线斜率公式，即有$\frac{S_n-0}{n-0}$，其几何意义是图中的点与坐标原点O确定的直线的斜率，所以只需斜率最大的那一条直线即可，画出图即可得当$n=9$时相应的直线斜率最大。

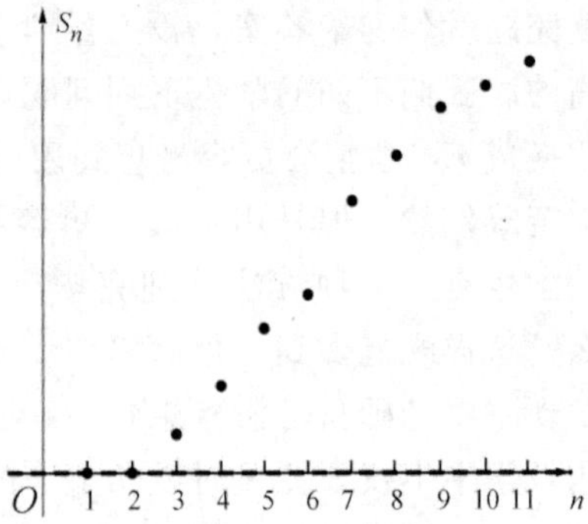

类似这样的题目，虽然知识和方法都比较简单，但是需要学生能够理解题意，清楚概念，建立联系，对数学知识灵活运用。比如需要平均数的概念，直线斜率公式等知识以及从图中获取信息的能力。

【案例9】数列提供了离散函数的数学模型，将等差数列与一次函数、二次函数、直线方程联系起来，有助于提升学生对函数思想的理解水平。从等差数列的通项公式$a_n=a_1+(n-1)d$可以看出a_n与n具有线性关系，a_n是n的一次函数，等差数列的求和公式$S_n=na_1+\frac{1}{2}d(n-1)$表明，$S_n$是关于$n$的二次函数。数列与函数的特殊关系决定了数列问题的解决中可以运用函数的思想和方法。从解析几何的角度看，由于a_n与n具有线性关系，也可与直线方程联系，从而利用直线的相关知识研究等差数列通项公式的相关问题。

正因为数列可以看作是定义域为正整数集(或其有限子集)的特殊函数，因此有时运用函数思想，借助函数的单调性、图象和最值等知识解决与数列相关的问题，能使有些问题简化。

【案例10】等差数列$\{a_n\}$的前n项和为S_n，首项$a_1>0$，且$S_3=S_{10}$，当n为何值时S_n最大?

为什么这个等差数列的前n项和S_n有最大值？其首项$a_1>0$，因此它的前几项为正，从某项起开始变号。常规的做法是通过找到变号的项来求解，这是纯数列解法。事实上，等差数列的前n项和S_n是关于n的二次函数，该函数解析式的常数项为0，其图象是过原点的抛物线上横坐标为正整数的点，由题意可知该数列公差d<0，该抛物线图象开口向下，因此可知，当$n=6$或7时，S_n最大。

尽管运用函数的观点和方法解决数列问题是解决数列问题的有效方法之一，但在具体使用时容易忽视定义域而导致错误。因此，使用这种方法，要注意避免定义域的限制带来的解法上的错误。

【案例 11】 数列$\{a_n\}$中，$a_n=n^2+kn$，且$\{a_n\}$是递增数列，求实数 k 的取值范围。

错解：由函数 $f(x)=x^2+kx=\left(x+\frac{k}{2}\right)^2-\frac{k^2}{4}$知，该函数图象开口向上，对称轴为 $x=-\frac{k}{2}$，要使函数在$[1, +\infty)$上单调递增，则需$-\frac{k}{2}\leqslant 1$，即 $k\geqslant -2$。

上述解法的错误出在哪？原因在于一个是连续函数，一个是离散型函数。函数 $f(x)$对区间$[1, +\infty)$内的一切实数都要成立，而 $a_n=n^2+kn$ 只要求对区间$[1, +\infty)$内的正整数成立。上述解法中只需$-\frac{k}{2}\leqslant 2$ 且 $a_2>a_1$ 即可满足所需条件。

正解：由递增数列的定义知：

$a_{n+1}-a_n=(n+1)^2+k(n+1)-n^2-kn=2n+1+k>0$ 对一切正整数都成立，故 $k>-(2n+1)$对任意的 $n\in N*$ 都成立，所以 $k>-3$。

由此看来，用函数的观点解决数列的有关问题时，应当慎重。在方法方面最好优先考虑数列的特有方法，而需要使用函数的方法去解决时，一定要对定义域进行相应的分析。

三、数学运算

数学运算能力，既包含根据运算法则，按照一定的步骤去推理运算并求得结果的能力。也包含分析题目的条件，寻求与设计合理简捷的运算途径及方法以得到运算结果的能力。运算的准确程度、快慢程度、合理程度和简捷程度反映了运算能力的大小。

代数教学的核心内容是运算，因此培养数学运算能力是代数教学的核心任务之一。在学习了代数式之后，代数中将数值运算推广到符号运算后，这时运算发生的本质的变化是，从实施程序变成了对象操作。这时，除了要考虑对象本身的结构、特点和限制外，还需要关注并处理不同对象之间的关系，但它不同于数的运算，数的运算与式运算的本质区别在于后者是符号运算，是基于运算规则的一种推理。因此，可以说符号运算的核心成分是推理。更进一步地说，数的运算与式的运算差异在于数的运算是程序性，而式的运算是结构性的。数的运算是在数上实施的算术运算，是程序性的，典型的比如代数式的代入求值。结构性的运算则是指运算的对象是代数式而不是数，实施的运算是化简，结果仍然是代数式。例如，为什么在分式运算中强调先化简再求值，表面上是要让运算变得简单，代值计算时不易出错，但其真正的意义在于让运算由算术运算向代数运算过渡，也就是将运算由程序性向结构性转化。

培养学生的运算能力是提高学生数学素养的重要环节。在运算过程中，学生要经历对所实施的运算载体进行观察、分析，对算法进行合理选择、对结果进行判断、对运算过程进行合理表达等过程。因此，按照运算法则进行运算可以让学生形成按部就班解决问题的技能，养成按规则做事的习惯和素养，培养整体把握、洞察本质的能力。培养数学运算能力应注意以下几个方面：

1. 正确理解概念及法则

数学的概念、性质、公式、法则是数学运算的基础和依据。数学运算的实质是依据有关运算定义和概念，利用性质、法则、公式等从已知数据及算式中推导出结果。在运算推理过程中，概念、性质、法则、公式等知识出现错误，必然会影响结果的正确性。例如，初一学生经常由于弄不清 -1^4 与 $(-1)^4$ 的区别而造成运算结果的错误。

2. 规范运算的过程

数学运算，特别是符号运算，是基于运算规则的一种推理。规范运算的过程，既包括步步有依据，也包括正确表达出运算步骤，这个过程是内化、理解概念，运用法则和公式的过程。因此，规范运算过程很重要。在这个过程中要让学生养成好习惯，如字迹工整、步骤清晰、及时检验、用好草稿纸等。另外，要养成估算的习惯，系统计算前进行估算，可估计出得数的范围，系统计算后进行估算可判断出得数是否正确、是否合理。

3. 符号文字互译

抽象化、符号化是代数的特点，数学运算是在符号下进行操作的，这也容易造成学生只会进行程序操作，而不注重理解其内涵，甚至造成错误。例如学生能正确写出 16 的算术平方根，但很多学生又会出现“$\sqrt{16}=\pm 4$”的错误。显然是没有正确进行文字与符号的“互译”，缺乏对符号内涵的正确理解。数学教学中常出现的问题是，课堂上，数学概念、法则的教学中，从文字表达到符号化的过程匆匆带过，教师舍不得花时间让学生在这个过程中主动思考、深入理解、主动表达。要知道，符号化、形式化是代数概念的特征，代数思维的特点是抽象化、一般化、结构化，在代数教学中，教师不能代替学生思维，要让学生正确认识、理解符号、结构的内涵，这是正确运算的关键。

在教学运算能力的培养过程中，教师的示范作用也是很重要的。教学中，教师引导学生分析题目的条件和结论，分析运算思路，对比运算方法，强调运算技能和方法在快速、准确运算中的重要性。还要通过板书给学生正确的示范，以引领学生形成对运算的理解与表达。当然，运算能力的提高，往往需要一定量的练习，在练习中加深对概念、法则、公式的理解。反过来，理解的深度和广度又能促进运算方法、途径的合理选择和运用。

四、数据分析

作为数学学科的核心素养之一，数据分析观念已渗入人们生活的方方面面，统计的基础知识已经成为每一个公民都应当具备的基本素质。《义务教育数学课程标准(2011 年版)》将“数据分析观念”作为数学课程的核心概念之一解释为：“了解在现实生活中有许多问题应当先做调查研究，收集数据，通过分析做出判断，体会数据中蕴涵着信息；了解对于同样的数据可以有多种分析的方法，需要根据问题的背景选择合适的方法；通过数据分析体验随机性，一方面对于同样的事情每次收集到的数据可能不同，另一方面只要有足够的数据就可能从中发现规律。数据分析是统计的核心。”

1. 初中统计教学中存在的问题

现实的初中统计教学中，存在着以下的现象：一是很多教师从来没有让学生经历过一次较为完整的统计活动。在一个有 30 多名学员的市级骨干教师培训班调研“是否让学生经历过完整的统计活动”，结果只有两三名教师让学生经历了完整的统计活动。二是为了达到应试的目的集中讲授。在与其他教师的交流中也发现，老师们对这部分内容的处理顺序虽然小有不同，但是总体上是以处理习题为主，真正的统计活动少之又少。第三是把统计等同于数学计算。大部分学校对这部分内容的教学，与其他数学课没有什么本质区别。因此，如何进行统计的教学，发展学生的数据分析观念是老师们必须考虑的问题。

2. 对统计内涵的进一步理解

为了让学生经历较为完整的数据分析过程、掌握数据分析的基本方法，初中各版本的教材都安排了相关的教学内容，如人教版教材在七年级下册安排了“数据的收集、整理与描述”；在八年级下册安排了“数据的分析”，目的是让学生经历数据收集、处理、分析的全过程，进一步发展数据分析观念，提高运用统计知识解决实际问题的能力。为什么很多时候老师们不注重这部分的教学？一方面是因为这个内容与其他数学内容相比篇幅较少，知识上也比较简单，易于被学生接受。另一方面是老师们对数据分析观念的认识不够深刻。而且第二方面是关键。

(1)数据分析观念的内涵

统计学是研究“收集数据、整理数据、分析数据、由数据得出结论”的原理和方法。也就是说，数据分析是统计的核心。课程标准对数据分析观念的解释包含以下三层意思：一是经历数据分析的过程，体会数据中蕴含着信息；二是掌握数据分析的基本方法，根据问题的背景选择合适的方法；三是通过数据分析，感受数据的随机性。

(2)抽样的内涵

抽样的必要性。当考察对象的个体数量很多时，全面调查会造成一定程度的误差，同时耗费人力、物力、财力等，这就需要进行抽样获得数据。另一方面是，有一些调查具有破坏性，需要抽取其中一部分来替代整体。初中阶段和小学阶段，一个明显的差异在收集数据上，小学是以普查为主，初中要既会普查，也要初步学会通过抽样的方式，特别是随机抽样的方式，获得数据。要让学生体会抽样的必要性，通过案例了解简单抽样，也是到了初中特别突出的一点。

抽样的合理性。怎么样合理地进行抽样，是初中阶段需要体会的一件很重要的事情，这样的变化老师在教学中应该清楚。所以通过案例了解简单抽样不仅是为了了解这种方法，更是为了体会它是比较合理的。抽取样本，如果不能反映整体的面貌，显然就不合理。

抽样的随机性。统计的魅力在于它的结果具有随机性，同时呈现规律性，因此可以用部分去估计总体。在抽样中，每次抽到的个体是随机的，因此得到的数据也不会完全相同，要体会随机的必要性，更要知道随机的必要性的核心是合理，在合理的前提下样本能够反映总体的情况。

(3)统计与数学的区别

首先是立论基础不同。从数量和数量关系这个角度考虑，数学是建立在概念和符号的基础上的，统计学是建立在数据的基础上。第二是推理方法不同。数学的推理依赖的是公理和假设，而统计学的推断依赖的是数据和数据产生的背景，强调根据背景寻找合适的推断方法。统计是由“部分推断整体”，属于归纳性的结论。第三是判断原则不同。数学在本质上是确定性的，它对结果的判断标准是对与错，统计学对结果的判断标准是好与坏。什么是“好”？“好”的标准与研究的目的和目标需求有关，在统计中没有哪一种方法永远是最好的。

3. 教学实践策略

(1)与小学衔接

我们需要关注统计的内容在小学是怎样呈现的？小学的数学分析过程要求到什么程度？小学生的数据分析观念怎样？

课程标准对各学段的统计教学有相应的目标要求，可以理解为：

第一学段(1—3 年级)，帮助学生学会对于一些事物进行分类，其中包括一些对数据的分类，这种分类讨论，为将来处理数据打下重要的基础。

第二学段(4—6 年级)，学生应该不仅会收集数据，还应该可以处理一些数据，这就需要把数据用某种方式表达出来，比如统计图表。

与其他数学内容一样，统计在整个小学教学内容中有一定的分量，内容在各章节的安排凸显了统计的核心地位。统计活动的整个过程，基本过程始终是一样的，但是在不同的年龄段，分析的对象不一样，分析的复杂程度也不一样。付丽老师提供的素材为我们的深度学习提供了很大帮助。

以数据描述为例：不同的统计图表，可以帮助整理和描述数据。小学阶段要求看懂、识别。初中阶段要求会制作图，如制作扇形图和直方图。需要让学生注意，制作图表的目的不是仅仅会画图，而是把这些数据中的某些信息凸显出来，因此，不仅要会画还要理解这些图表对展示信息有什么作用，也就是需要根据目的选择合适的图表，用合适的方式来表达数据中所蕴含的信息。

以调查方法为例：在小学，学生主要是用全面调查的方式进行数据收集，而抽样调查是初中阶段要学习的一种新的调查方式，也是统计学中重要的调查方式。因此这个内容的教学起着承前启后的作用。

到了第三学段(7—9 年级)，要让学生体验数据收集、处理、分析和推断过程，理解抽样方法，体验用样本估计总体的过程。也就是说，需要让学生了解利用数据可以进行统计推断，发展建立数据分析观念。

(2)让学生在活动中认识和理解统计的方法

统计最重要的是整个过程，在教学中学生应该了解并学会如何处理统计的整个过程，不能片面地去认识统计。要让学生树立数据分析观念，最有效的方法是以活动形式经历统计的过程。通过活动能非常好地发挥学生的积极性，自己设计收集方案收集数据，查资料，互相之间进行评价，改进完善设计方案。经历这样一个过程，会让他们对统计的理解深入而难忘。

作为学生学习的指导者，教师需要整体设计单元教学，进行了整体教学设计。比如第 1—2 课时学习全面调查，在这个过程中，将教材安排的制作统计图的内容前移，学生熟悉制作各种统计图表。第 3 课时开始学习抽样调查，将这个内容作为教学的重点。然后安排了统计活动，学生通过小组合作，老师的指导完成课题任务，最后进行展示交流。

【案例 1】简单随机抽样的教学

整体把握，突出重点。《抽样调查》这节课，教学设计中要有“整体把握的意识”，但整体把握不能理解为面面俱到，收集、整理、描述、分析什么都讲，结果会什么都没讲清。基于这个思想，教学设计中“数据描述”这个环节安排在前一节课中。这样本节课突出了“抽样调查”这个重点。在选用案例时，可以选用“调查平均身高”这个例子，因为这个例子有很强的实际背景，而且小学也用“身高”做过素材，这样的处理使学生对同样的背景材料经历了从简单到深入的问题设计，从全面到抽样的方式处理，经历了一次从小学到初中的跨越。

环节设计，明确目标。本节课设计了三个环节，首先举出生活中的案例，让学生在交流中体会面对“考察对象数量大、调查具有破坏性、危害性”时抽样的必要性。第二个环节提出一个具体的问题，让学生讨论如何进行抽样调查，设计调查方案，从理性上感受简单随机抽样。学生在这个环节中虽然知道了一种新的抽样，也知道生活中这种抽样调查方法是存在的，但是学生在这个阶段对“样本代表总体”这件事是心存疑虑的，有必要通过活动让学生解除疑虑。于是授课老师设计了第三个环节——“用简单随机抽样的方法估计全班同学的平均身高”这一活动，学生亲自获得数据，对获得的数据进行处理，然后估计总体平均身高，再与实际平均身高进行对比。在这个过程中，学生看到了部分估计整体的可行性，也感受到抽样的随机性，从感性上体会了用样本估计总体的思想。

关注课堂生成资源。学生在进行简单随机抽样的活动中数据出现偏离，是正常的，恰恰说明抽样结果的随机性，这些结果正是让学生体会随机性的好素材。老师可以很好地利用这些素材让学生明白，在抽样中，每次抽到的个体是随机的，因此得到的数据也不会完全相同，但是在合理的前提下样本能够反映总体的情况。在课堂上，老师应引导学生讨论如何减小偏差，也就是在“合理”上做文章。

关注学生的需求。学生在抽样活动中最关注的是“用样本估计总体”是否可靠。在教学过程中通过与学生的交流，可以看出，对于这个问题学生从心里是质疑的。因此通过统计活动让学生体会这一点显得特别重要，这是突破难点的关键所在。授课老师做了下面的设计：

同学们作为调查者，想要了解我校 600 名同学的平均身高，你会怎么做？请你设计调查方案。引导学生分步骤设计调查方案：调查目的是什么？调查方式是什么？调查具体操作步骤是什么？在这个过程中，难点是具体操作步骤，老师将全班分成五个小组合作，分组讨论。从上课效果来看还是不错的，五个小组最后都能讨论出具体操作步骤。

由于通过实践活动了解600名同学平均身高在课上完成有一定困难，鉴于在前一节课《全面调查》中已经完成了对全班同学平均身高的调查，所以接下来老师设计了让学生用“简单随机抽样估计全班30名同学平均身高”这个活动。把学生分成五组，每组同学合作用抽签法完成抽样调查活动。最后每组汇报抽样的结果，并根据所获得的样本数据估计全班平均身高，然后老师引导学生分析这些数据，体会样本的代表性和随机性，消除了学生先前的疑惑，为后面的统计调查活动做好了铺垫。

素材的选择。统计有很强的实际背景，实际背景需要结合学生的认知，不能脱离学生的实际。教师要了解学生喜欢做什么，在做中学才更有意义。如授课老师在引入环节中选用了一些图片，让学生感到亲切，距离自己很近，很有兴趣去讨论。另外，在后面的统计活动中为学生提供的课题也要关注素材的选择，如环保问题、电视娱乐节目等。

现实说明，数据分析观念已经深入到现代社会生活和科学研究的各个方面，人们越来越依赖于用统计的眼光看世界。数据是统计的核心，因此在大数据时代，要改变数据观，重视统计的教学。实际教学中，各版本教材对统计内容的呈现是渐进式的，既强调数据分析的全过程，又在不同年级有所侧重，这就要求教师准确把握教学要求，既要在教学中让学生全面认识统计的内容，又应该根据教学要求组织学生进行统计活动，学生通过实践活动及交流评价促进数据分析观念的形成。通过经历统计活动，学生能够提升数据处理的能力，提高基于数据表达现实问题的意识，养成通过数据思考问题的习惯，积累基于数据探索事物本质、联系和规律的活动经验。

【案例2】试卷分析

为了评价学生的学习状况，进行数学检测是必要的。数学日常教学中大大小小的考试不计其数，试卷讲评也是老师常做的工作。但很多时候，老师对试卷的讲评都是根据学生的答题正确率来确定该讲什么，不讲什么。对于试卷的评价多是模糊性评价，其中教师的主观因素较多。当然，对试卷中反映出的问题也有老师与学生面对面交流，了解学生的真实想法，虽然比较麻烦，但能获得第一手资料，相比于教师的主观臆断，针对性更强些。如果能够对试卷中的问题进行一些分析和研究，比如试卷的难度与预想的有差距，原因是什么？某个试题错误率较高是因为题目设计的问题还是知识落实的问题，是学生学的问题，还是教师教的问题？应该说，每次检测不仅是评价学生学的情况，也是评价教师教的效果。那么基于数据的试卷分析对教学的指导性就很必要了，会让考试评价更为有效。下面以初一年级一次全区统一测试为例。

试卷问题的分析与诊断

【目的】

为了了解学生失分的原因、教师与学生在同一个试题上难度认识上的差异，以及某些题目造成学生正答率低的主要因素，从而为今后的教学提供参考，帮助备课组在教学中提高教学实效性。我对本次考试中部分试题进行了分析，尤其是对师生认识差异较大的题目进行了相应的问题诊断。我选了两个平行班，与备课组的老师设计了对比"实验"。

【基本情况】

两个班级为平行班，入学测试分数持平，任课教师不同，学生本次期末测试总体平均分在70分左右。

	平均分	优秀率	及格率	90分以上	80分以上	70分以上
A	68.70	0	81%	0	7%	52%
B	72.03	0	87%	0	20%	63%
合	70.46	0	84.21%	0	14.04%	57.90%

【对比分析】

1. 选择题(8—10题)

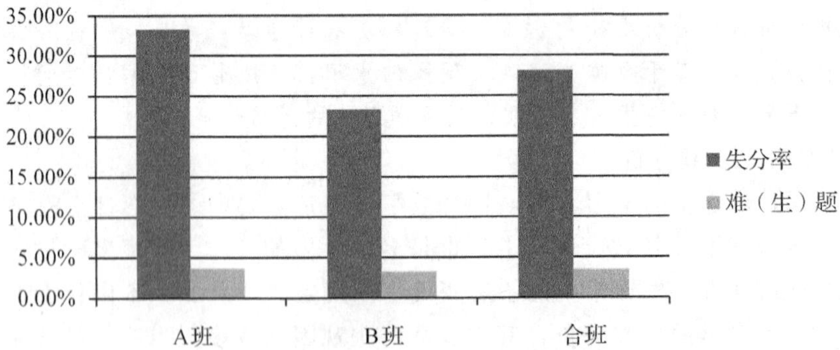

图1 第8题学生回答情况

【原题】8. 一件上衣先按成本价提高50%标价，再将标价打8折出售，结果获利28元，设这件上衣成本价是x元，根据题意列方程得(　　)

A. $0.8(1+0.5)x=x+28$　　B. $0.8(1+0.5)x=x-28$

C. $0.8(1+0.5)x=x-28$　　　　　　D. $0.8(1+0.5)x=x+28$

A、B两个班学生分别有3.70%和3.30%的学生认为此题为选择题中的难题，而0分率分别为33.30%和23.30%，没得分学生的选项多集中在选项D，该数据表明学生接受这类题作为常规题，题目没对学生造成压力，而对于$(1+0.5)x$意义的理解可能存在机械地记忆公式的情况。

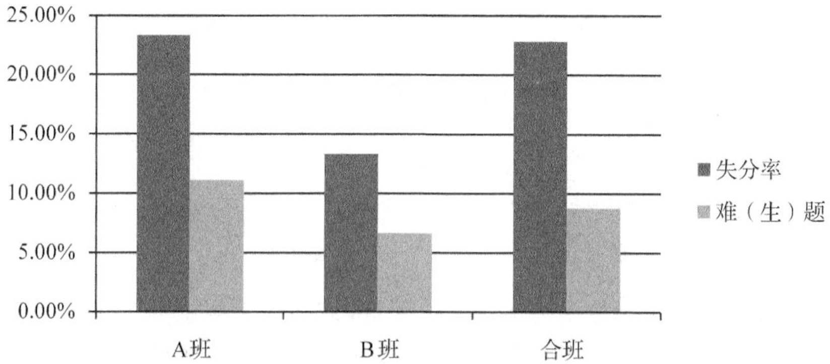

图2　第9题学生回答情况

【原题】9. 在数轴上表示有理数a，b，c的点如图所示，若$ac<0$，$b+a<0$，则(　　)

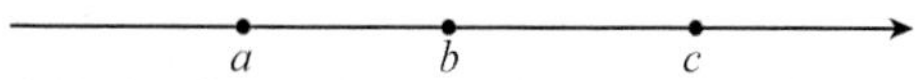

A. $b+c<0$　　B. $|b|<|c|$　　C. $|a|>|b|$　　D. $abc<0$

A、B两个班学生分别有11.11%和6.67%的学生认为此题为选择题中的难题，而0分率分别为23.3%和13.33%，与第8题相比，二者吻合度较高，学生对于有理数的运算、数轴及其与数的关系的理解进一步加深。(在阅卷之前，部分老师认为此题难度较第10题大)

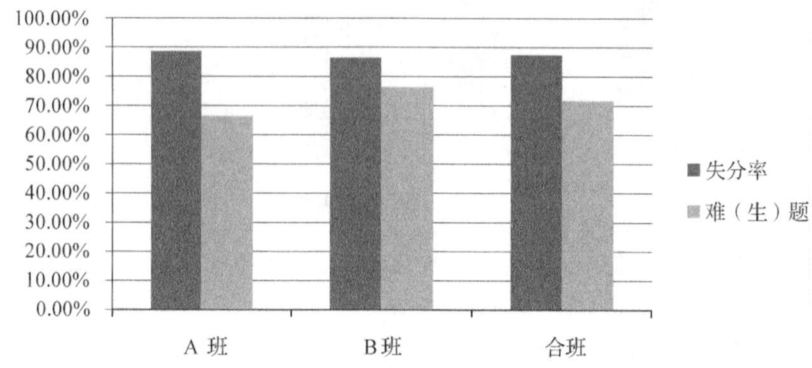

图3　第10题学生回答情况

【原题】10. 已知AB是圆锥(如图4-1)底面的直径，P是圆锥的顶点，此圆锥的侧面展开图如图图4-2所示．一只蚂蚁从A点出发，沿着圆锥侧面经过PB上一点，最后回到A点．若此蚂蚁所走的路线最短，那么M，N，S，T(M，N，S，T均在PB上)四个点中，它最有可能经过的点是(　　).

A. M点　　B. N点　　C. S点　　D. T点

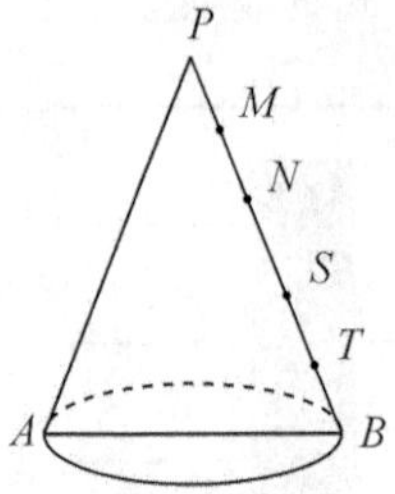

图4-1

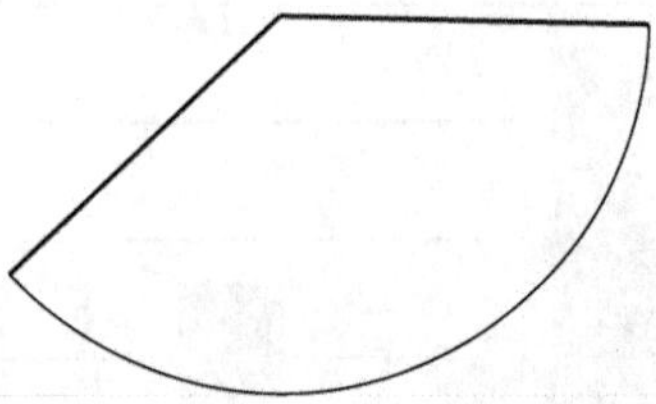

图4-2

A、B两个班学生分别有66.67%和76.67%的学生认为此题为选择题中的难题，更有高达88.89%和86.67%的零分率，绝大多数学生认为这个题最难，这与教师的判断有较大差异。学生认为此题的难点主要在找不着“对应点”，不能把立体图形和它的展开图对应起来。

教学上的问题：学生操作体验少，日常教学中对展开图的教学重视不够。

2. 填空题(14—16题)

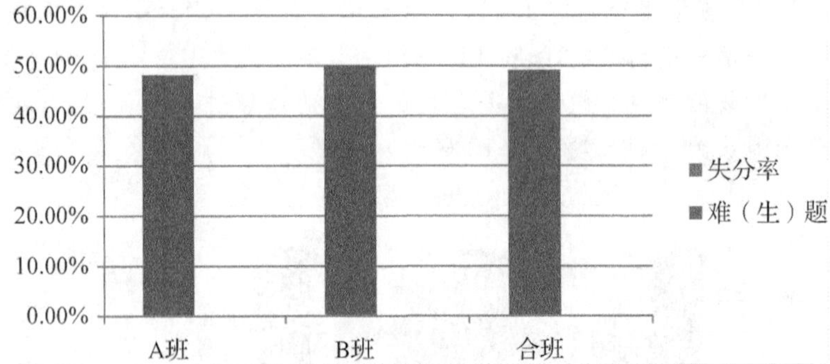

图5　第14题学生回答情况

【原题】14. 某4名工人3月份完成的总工作量比此月人均定额的4倍多15件，如果设此月人均定额是x件，那么这4名工人此月实际人均工作量为________件.(用含x的式子表示)

此题为课本上的习题，两个班学生均认为该题为较容易题，而零分率却近50%，二者存在高度差异原因是什么？学生的理解？问题的表述？老师的教学问题？多数学生没有利用人均这个条件，存在名词多、数字干扰问题。但更为突出的是教师在利用教材资源方面显然不够。

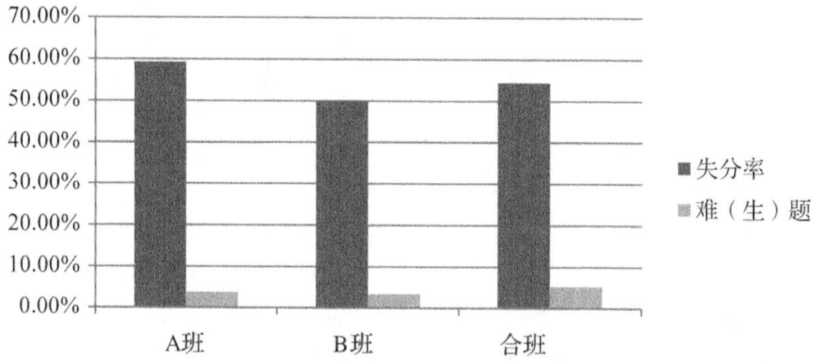

图 6　第 16 题学生回答情况

【原题】16. 某小组几名同学准备到图书馆整理一批图书，若一名同学单独做要 40h 完成．现在该小组全体同学一起先做 8h 后，有 2 名同学因故离开，剩下的同学再做 4h，正好完成这项工作。假设每名同学的工作效率相同，问该小组共有多少名同学？若设该小组共有 x 名同学，根据题意可列方程为________。

A、B 两个班学生分别有 59.3% 和 50%的学生没有得分。认为此题为填空题中的难题的分别有 3.70%和 3.33%，两个班失分率较高。这是个常规问题，说明教学中落实的不够。

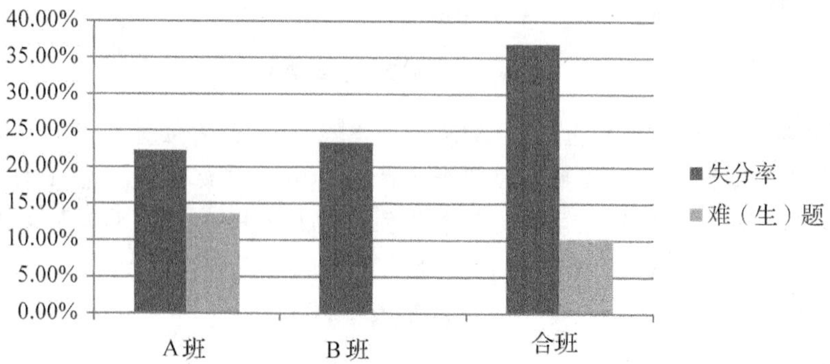

图 7　第 17 题学生回答情况

【原题】17. 如图 8 所示，$AB+CD$ ________ $AC+BD$.（填“<”，“>”或“=”）

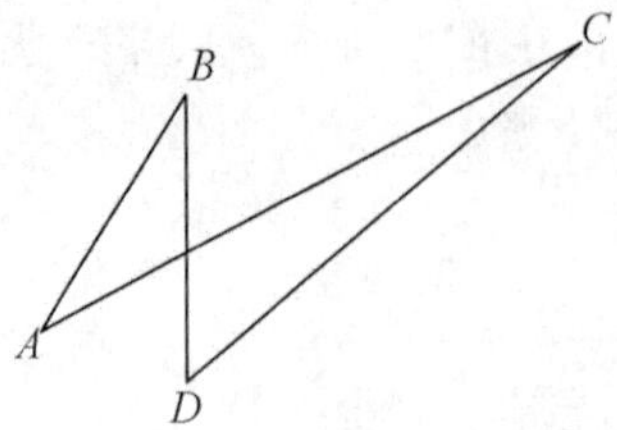

图 8-1

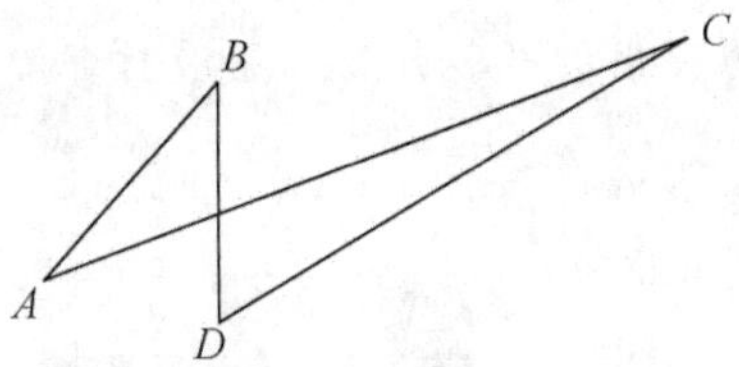

图 8-2

A、B 两个班学生分别有 22.22%和 23.33%的学生没有得分。认为此题为填空题中的难题的分别有 13.64%和 0%，学生失分的原因是凭感觉，意识上的冲动，学生说："可以看出 $BD>AB$，$AC>CD$，所以 $AB+CD<AC+BD$"没应用数学知识(缺少联系)。如果将图形改变一下，如图 8-2，直观上 $AB>BD$，$CD<AC$，会促使学生运用数学方法(测量、证明等)。或者让其填理由也许能考察学生会否应用"两点之间线段最短"这一知识点。

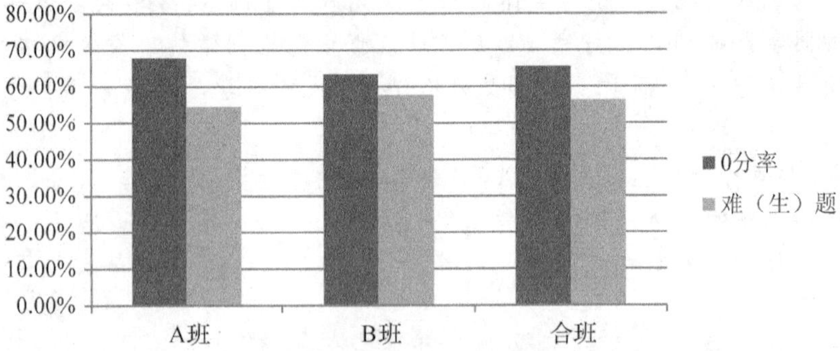

图 9　第 18 题学生回答情况

【原题】18. 已知数轴上动点 A 从表示整数 x 的点的位置开始移动，每次移动的规则如下：当点 A 所在位置表示的数是 7 的整数倍时，点 A 向左移动 3 个单位，否则，点 A 向右移动 1 个单位．按此规则，点 A 移动 n 次后所在位置表示的数记做 x_n 例如：当 $x=1$ 时，$x_3=4$，$x_6=7$，$x_7=4$，$x_8=5$.

①若 $x=1$，则 $x_{14}=$ ______；②若 $|x+x_1+x_2+x_3+\cdots+x_{20}|$ 的值最小，则 $x_3=$ ________ .

A、B 两个班学生分别有 67.85%和 63.33%的学生没有得分，认为此题为填空题中的最难题的分别有 54.55%和 57.7%，二者吻合度较高，失分率较高与学生的心理对此题的心理认识有较大相关性。

表 1　第 24 题学生回答情况

	平均分	满分率	零分率	难题(学生)
A 班	0.8	0	25.93%	45.45%
B 班	1.3	17.86%	36.67%	30.77%
合班	1.06	8.77%	31.58%	31.58%

【原题】24. 列方程解应用题

为了丰富社会实践活动，引导学生科学探究，学校组织七年级同学走进中国科技馆，亲近科学，感受科技魅力。来到科技馆大厅，同学们就被大厅里会“跳舞”的“小球矩阵”吸引住了(如图 10)。白色小球全部由计算机精准控制，每一只小球可以“悬浮”在大厅上空的不同位置，演绎着曲线、曲面、平面、文字和三维图案等各种动态造型。

图 10

已知每个小球分别由独立的电机控制。图 9、图 10 分别是 9 个小球可构成的两个造型，在每个造型中，相邻小球的高度差均为 a. 为了使小球从造型一(如图 11)变到造型二(如图 12)，控制电机使造型一中的②，③，④，⑥，⑦，⑧号小球同时运动，②，③，④号小球向下运动，运动速度均为 3 米/秒；⑥，⑦，⑧号小球向上运动，运动速度均为 2 米/秒。当每个小球到达造型二的相应位置时就停止运动。已知⑦号小球比②号小球晚$\frac{4}{3}$秒到达相应位置，问②号小球运动了多少米？

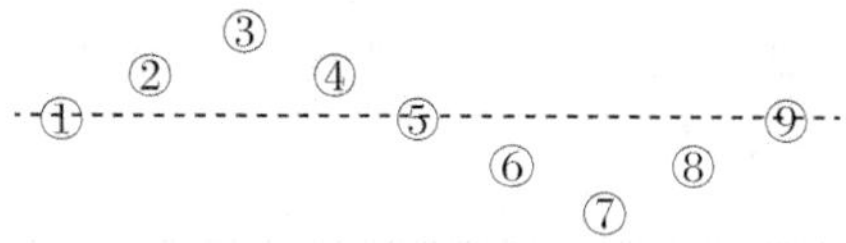

图 11

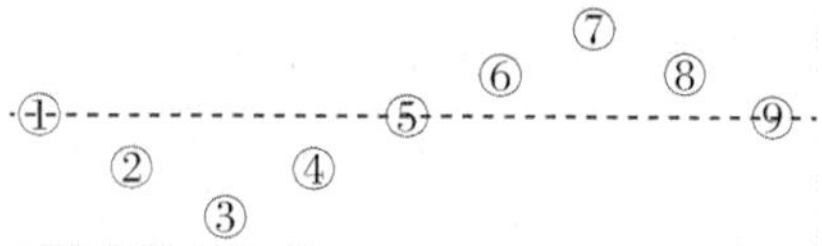

图 12

A、B 两个班学生分别有 25.93%和 36.67%的学生没有得分，认为此题为解答题中的最难题的分别有 45.45%和 30.77%。最初老师们认为学生本题失分率较高的原因，一是阅读量较大影响了对此题的信心，二是不能从中提取有用信息。

学生认为，本题文字太多，找不着有用的条件，难列方程；字数太多，读不懂题；阅读量大找不到等量关系……在与一个学生交流时，她说“$\frac{2x}{2}-\frac{4}{3}=\frac{x}{3}$中左边减去$\frac{4}{3}$，⑦号球不就到不了相应位置了吗?”那么，是什么干扰了学生寻找等量关系呢？就此题而言，真是如师生所感觉的那样吗？

我将此题文字量减少，尽量排除阅读干扰，情境是学生熟悉的行程问题，利用10分钟时间测试，然后分析学生的解答情况。

变式1：甲、乙两车同时从M地出发分别去A地和B地，已知甲车每小时行90千米，乙每小时行60千米。已知甲乙途中速度保持不变，且到达各自目的地时乙行驶的路程是甲行驶的路程的2倍，而甲比乙早到目的地4小时，求甲乙两车分别行驶多少千米？

表2　满分学生的答题情况(表中后两列数据以满分学生为总体)

	满分率	以时间为等量关系（设路程为未知数）	以路程为等量关系（设时间为未知数）
A班	30.77%	0	100%
B班	35.71%	50%	50%
合班	34.62%	27.78%	72.22%

表3　所有学生答题情况(表中后两列数据以全班学生为总体)

	满分率	以时间为等量关系（设路程为未知数）	以路程为等量关系（设时间为未知数）
A班	30.77%	50%	50%
B班	35.71%	50%	50%
合班	34.62%	50%	50%

数据表明，两班学生的正答率依然较低，设时间或路程为未知数的各占50%。文字量大幅减少，但正答率仍然很低，说明文字量的干扰不是本质的。是要求的量导致的吗？为什么一半的学生不选择直接设行驶的路程做未知数呢？

于是对变式1进行修改，为了减少上一题的干扰，重新设置了情境，问题变为求时间。再用10分钟时间对同样的学生进行测试。

变式2：甲、乙两位同学骑自行车去香山郊游，他们同时从各自家里出发赶往同一个目的地，甲同学的路程是乙同学的路程的2倍，甲每小时行20千米，乙每小时行15千米，途中速度保持不变，甲比乙晚到$\frac{1}{2}$小时，求两人各用多少小时到达目的地？

表 4　满分学生答题情况

	满分率	以时间为等量关系（设路程为未知数）	以路程为等量关系（设时间为未知数）
A 班	34.62%	11.11%	88.89%
B 班	70.00%	9.52%	90.48%
合班	34.62%	27.78%	72.22%

表 5　所有学生答题情况

	满分率	以时间为等量关系（设路程为未知数）	以路程为等量关系（设时间为未知数）
A 班	34.62%	11.54%	88.46%
B 班	70.00%	13.33%	86.67%
合班	53.57%	12.5%	87.5%

本题的得分率都有所提高，尤其是 B 班，提高的幅度较大。在设未知数方面绝大多数学生倾向于直接设时间为未知数，但总体上满分率依然不高。

之后随机找了 B 班甲、乙、丙 3 名同学访谈，3 名同学第 24 题原题均得 0 分，变式 1 均得 0 分，变式 2 甲、乙得满分，丙得 0 分。

基于上述数据及与学生的交流推断影响两班学生的正答 24 题的主要因素：

一是题中所给“关系”对学生的影响较大，这也是本题的难点：时间、路程、速度均不相等，“超出”多数学生平时的认知水平。二是学生不习惯用“分式”结构，而习惯于用“整式”，所以尽管变式 1 的情境是学生熟知的行程问题，但多数学生仍然不能找到等量关系列方程，较多的学生还是选择间接设未知数。这个现象在学习了分式方程之后会有改观。

从“实验数据”中可以看出，阅读量大对学生有一定的影响，但只是一种表象，就这个题而言“文字多”不是“罪魁祸首”。这与学生的感觉是不一致的，与老师的预想也是有差距的。

表 6　第 25 题学生答题情况

	平均分			零分率			难题(学生)
A 班	0.93	0.11	0.29	48.15%	88.89%	74.07%	44.44%
B 班	0.47	0.17	0.57	73.33%	83.33%	70%	23.33%
合班	0.71	0.14	0.41	63.16%	85.96%	70.18%	29.82%

【原题】25. 一般情况下$\frac{a}{2}+\frac{b}{3}=\frac{a+b}{2+3}$不成立，但有些数可以使得它成立，例如：$a=b=0$. 我们称使得$\frac{a}{2}+\frac{b}{3}=\frac{a+b}{2+3}$成立的一对数 a，b 为“相伴数对”，记为(a, b).

(1)若$(1, b)$是“相伴数对”，求 b 的值；

(2)写出一个“相伴数对”(a, b)，其中 $a\neq 0$，且 $a\neq 1$；

(3)若(m, n)是“相伴数对”，求代数式 $m-\frac{22}{3}n-[4m-2(3n-1)]$的值.

数据表明，与上一个题相比，较多学生不认为这是难题，而实际 0 分率很高。原因是学生没有正确理解“相伴数对”的概念。没能认识到 a，b 的“关系”。多数学生没有真正理解 a，b 之间的对应关系(当然，在学习函数之后会更好地理解)。

很多学生说“没读懂‘相伴数对’的意思”“理解不了‘相伴数对’的概念”“相伴数对对数很多”“涉及没学过的内容，复杂!”“未见过这类题”……

【教学反思】

上述分析表明，学生对常见题型心理接受较好，对没见过的题型比较惧怕，说明题型教学对学生的影响较大。同时，学生面对真正有生活情境的实际问题束手无策，“文字量大”的背后是从情境中获取数学信息的能力弱，日常应用题的教学“模式化”的味道浓，缺少实际“体验”，教学中设置的实际问题实质上还是“数学题”。学生在学习中缺少对“对应关系”的关注和理解，如立体图形与展开图的对应关系，数学表达式中字母之间的对应关系，因此不知道利用已知的值求出另外一个值。还有，抽象能力、空间想象力、阅读能力存在较大问题。

学生的学在于教师的引导，学生的问题反映教学存在的问题。反思教师的教学，我们认为存在以下问题：

1. 课堂上教师讲得多，学生说得少，为了完成教学进度，老师舍不得给学生留下思考的时间，造成学生对所学知识理解的肤浅，没有充分经历知识形成的过程。这导致学生容易追求表面化的东西，而缺少对本质的理解。学生体验的较少，比如几何中的动手操作，应用题中的生活情境感受，对初一的学生来说是很必要的。

2. 在教学中渗透数学观念，多让学生经历知识的形成过程。在整式的教学中注重使学生对字母含义的理解，在式的教学阶段可以初步渗透函数思想，而不应等到“函数”教学时才做这件事。

3. 课本的使用效率不高，对于课本例题和习题的关注度不够，这也导致了即使出现课本“原题”，学生的得分情况也不好。因此，如何挖掘教材资源，让学生跳出题海战术是需要教师做深入研究的。

五、直观想象

数学是打开知识大门的钥匙，是整个科学的基础。在数学发展的历程中，很多问题的发现与解决，灵感往往发端于几何直观，数学家往往把研究的问题尽量变成可借助于图形直观加以分析解决的问题。借助几何直观进行思考，已经成为一种很重要的研究策略，它在科学发现过程中起着不可磨灭的作用。数学教育中，培养和发展学生的几何直观，是数学课程特定领域的核心目标之一。而培养和发展学生的几何直观，需要依托数学课程的每个领域，而不仅仅是“图形与几何”领域的任务。同时，几何直观能力的培养必须依托具体的情境，落实在课程内容和教学环节之中。为此，教师需要具有培养学生几何直观的自觉意识，还要具备相应的教学能力。在数学教学中，帮助学生凭借几何直观学习有关内容，不仅能够深化理解，而且能够培养一种思维方式，即凭借简捷、直观的载体，巧妙地化解相关问题，这种思维正是创新性思维的重要成分之一。

关于几何直观，《义务教育课程标准(2011 年版)》中明确指出，“几何直观主要是指利用图形描述和分析问题”。其具体定义为，借助于见到的(或想象出来的)几何图形的形象关系，对数学的研究对象(即空间形式和数量关系)进行直接感知、整体把握的能力。在下面的例子中，几何直观具体表现为两种形式：一是简约符号直观，二是图形直观。简约符号直观，是对事物直观进行一定程度的抽象所形成的半符号化的直观，如线路图、数轴等。图形直观的抽象程度更高一些，其综合程度更强一些，如将乘法公式很巧妙地融合在几个矩形之间的面积关系之中，既有代数的抽象，也有几何图形的抽象。

我选取了初二年级教材中一些典型的内容，编写了十二个课例，并以此为素材，开设了选修课“几何直观与逻辑能力培养”，下面以其中几例加以说明。

通过图形直观将许多抽象的数学概念和数量关系形象化、简单化，实现代数问题与图形之间的互相转化，相互渗透，不仅能够使解题简捷明了，还开拓了解题思路。

【案例 1】计算$\frac{1}{m}+\frac{1}{m^2}+\frac{1}{m^3}+\cdots+\frac{1}{m^n}$(其中 m，n 都是正整数，且 $m\geqslant 2$，$n\geqslant 1$).

受学段和认知水平限制，这类题不能用等比数列的求和公式求解，即便是用也是以“现场学习”的方式出现，学生在类比中模仿所给的方法，也能得到正确的结果。但是模仿后并不理解原理。用几何图形求解会让学生充分感受图形的妙用，对于培养学生的几何直观能力是有益的。其基本思路是：采取一般问题特殊化的策略来进行探究，利用分割正方形的办法解决。

计算$\frac{1}{3}+\frac{1}{3^2}+\frac{1}{3^3}+\cdots+\frac{1}{3^n}$. 可以巧用正方形的面积求解如下：

第 1 次分割，把正方形的面积三等分，其中阴影部分的面积为$\frac{2}{3}$；

第 2 次分割，把上次分割图中空白部分的面积继续三等分，阴影部分的面积之和为$\frac{2}{3}+\frac{2}{3^2}$；

第 3 次分割，把上次分割图中空白部分的面积继续三等分，……；

……

第 n 次分割，把上次分割图中空白部分的面积最后三等分，所有阴影部分的面积之和为$\frac{2}{3}+\frac{2}{3^2}+\frac{2}{3^3}+\cdots+\frac{2}{3^n}$，最后空白部分的面积是$\frac{1}{3^n}$.

根据第 n 次分割图形可得等式：$\frac{2}{3}+\frac{2}{3^2}+\frac{2}{3^3}+\cdots+\frac{2}{3^n}=1-\frac{1}{3^n}$.

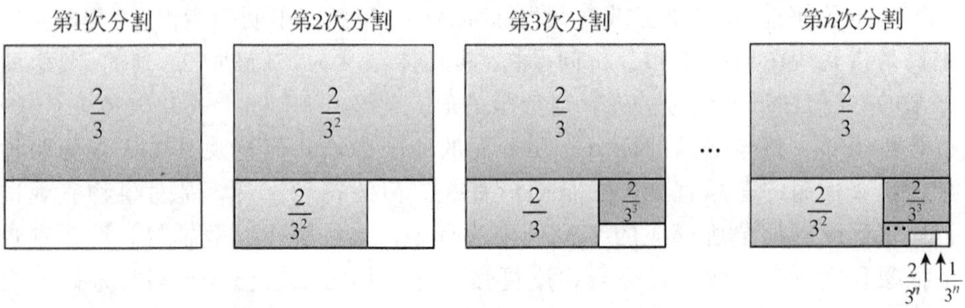

两边同除以 2，得$\frac{1}{3}+\frac{1}{3^2}+\frac{1}{3^3}+\cdots+\frac{1}{3^n}=\frac{1}{2}-\frac{1}{2\times 3^n}$.

用类似的方法可以计算$\frac{1}{m}+\frac{1}{m^2}+\frac{1}{m^3}+\cdots+\frac{1}{m^n}$，进而计算 $\frac{5-1}{5}+\frac{5^2-1}{5^2}+\frac{5^3-1}{5^3}+\cdots+\frac{5^n-1}{5^n}$.

【案例 2】我们知道，一个数在数轴上所对应点到原点的距离叫做这个数的绝对值，用“| |”来表示．$|b-a|$ 或 $|a-b|$ 表示坐标轴上表示 a 的点和表示 b 的点之间的距离．那么$|x-2|<1$ 就是求与 2 的距离小于 1 的所有 x 的值。

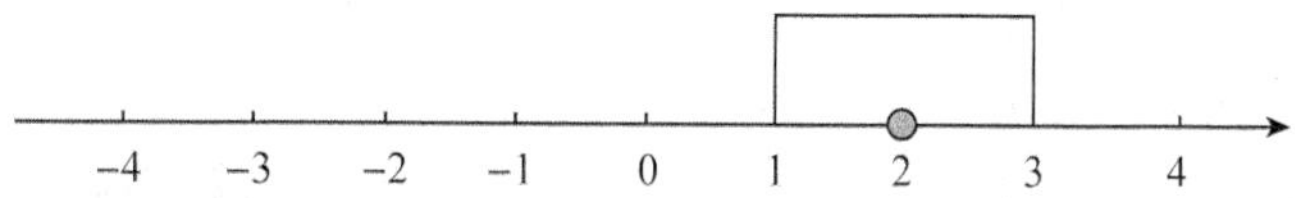

图 1

我们可以看到，在数轴上，到 2 的距离小于 1 的部分在 1 和 3 之间，在这个范围内的所有实数到 2 的距离都是小于 3 的，因此我们可以利用绝对值的定义很直观地看到，$|x-2|<1$ 的解集是 $1<x<3$. 借助数轴，可以求得 $|x-2|+|x+1|$ 的最小值。我们知道数轴上，-1 和 2 之间的距离是 3，因此如果 x 在 -1 和 2 之间(含 -1，2)，那么 $|x-2|+|x+1|$ 就可以取到最小值 3. 当然也可以求 $|x-2|-|x+3|$ 的最大值和最小值．可以发现，利用数轴，可以很容易地解决这类问题。

【案例 3】如图 2 在锐角$\angle AOB$ 内有一定点 P，试在 OA，OB 上确定两点 C，D，使$\triangle PCD$ 的周长最短．根据“两点之间，线段最短”，只需使得 $PC+CD+PD$ 的大小等于某两点之间的距离，于是考虑作点 P 关于射线 OA 和 OB 的对称点 E，F，连接 EF，分别交 OA，OB 于点 C，D.(如图 2)此时$\triangle PCD$ 的周长等于线段 EF 的长，C、D 为所求．$\triangle PCD$ 的周长等于 $PC+CD+PD$，要使$\triangle PCD$ 的周长最短。

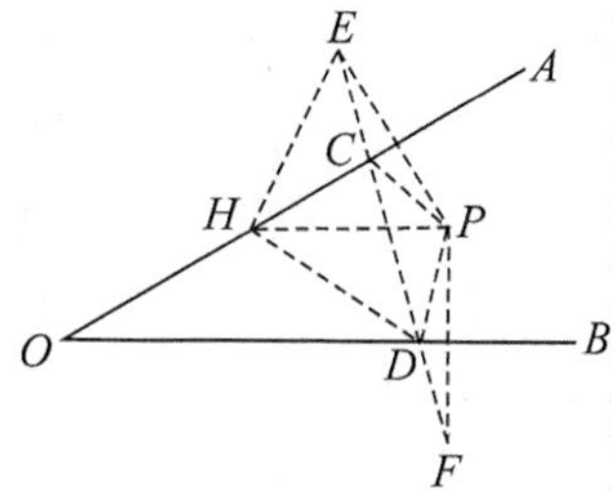

图 2

通过图形的直观性质来阐明数形之间的联系，将许多抽象的数学问题形象化、简单化。数形之间的结合为研究和探求数学问题提供了非常重要的方法。

【案例 4】当实数 m 取何值时，关于 x 的一元二次方程 $x^2-2x-m=0$ 在 x 大于 -1 且小于 4 的范围内只有一个解？两个解？

本题可以根据一元二次方程根的分布情况来解决，但是解决起来比较困难。如果恰当构造函数，借助于函数图象之间的关系直观分析，就可以巧妙地解决问题。构造函数 $y=x^2-2x$ 和函数 $y=m$，这样关于 x 的一元二次方程 $x^2-2x-m=0$ 的解就是 $y=x^2-2x$ 的图象和直线 $y=m$ 交点的横坐标，所以，只需作出函数 $y=x^2-2x$ 的图象和直线 $y=m$ 的图象，然后平移直线 $y=m$，观察直线 $y=m$ 与 $y=x^2-2x$ 的

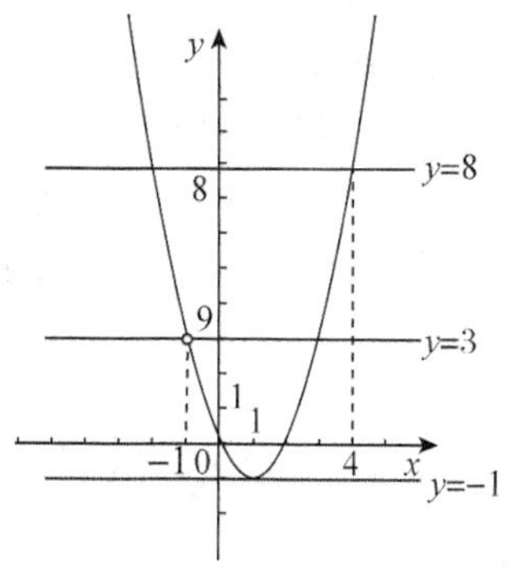

图 3

图象在 x 大于 -1 且小于 4 时的交点情况，就可以得到答案。

在乘法公式的教学中可以借助几何图形进行公式的验证和练习。同样我们也可以设计一些生活情境，如计算一条河的宽度、灯杆的高度，让学生在解决问题中逐渐养成利用几何图形的意识和能力，形成几何直观。

在初中数学的教学中，以学生生活中的素材和课本中的知识为载体，根据学生的实际、学生的探究兴趣，设计具体的问题情境，给每个学生提供发挥的空间，鼓励学生进入情境，亲身实践体验，借助几何图形形成解决问题的方案，这是培养学生几何直观的有效方式。学生几何直观能力的培养是一个长期的过程，是学习中不断上升的过程，需要在教学中逐步引导、渗透。

要让学生养成用图的习惯。学生在数学与代数的学习中通过经验、观察、想象等途径，直观地感知问题的结果和方向，把一些复杂的问题简单化。学生学习几何需要更多的经验入手，通过观察比较，或通过动手操作，从而获得对图形的认识，并发展空间观念。还有概率与统计中几何直观的应用，图形与几何就更离不开几何直观。学生通过观察、操作认识长方形、正方形、平行四边形、梯形、三角形、圆形，学会用线段图解决数学问题，也见过统计图形，形成了用图的习惯。学生通过具体的数学活动，经历转化、观察、思考、判断等，不断积累几何直观的数学活动经验，逐步形成几何直观的意识和习惯。随着学段的升高，学生的几何直观意识逐步提升、直观能力得到进一步培养。学习了数轴以后，学生遇到一些问题时自觉地想到利用数轴来解释和说明。学习了函数以后，能够借助函数图象研究函数的性质。借助图象研究函数的与方程、不等式的综合问题等。

还要通过数形结合，理性分析。“数”与“形”是数学研究的两个基本对象，利用数形结合方法使数与形统一起来，借助于“形”的直观来理解抽象的“数”，运用“数”来刻画“形”的特征，“数”与“形”是密不可分的。正如数学家华罗庚所说：“数缺形少直观，形缺数难入微。”在初中阶段，学生经历函数图象、平面几何的学习，掌握了基本作图方法，在解决问题过程中逐渐养成了用图的习惯，还要注意引导学生进行理性的分析、严谨规范的数学表达。

六、数学建模

数学教学不应该让学生只会纸上谈兵，而忽略数学的实际应用。在初中这个思维的关键阶段，有目的地进行数学建模能力的培养对数学思维的发展是很重要的。数学建模是对现实问题进行数学抽象，用数学语言表达问题，用数学知识与方法构建模型解决问题的过程，它是数学核心素养之一。中学生，无论是初中学生，还是高中学生都应该具备这方面相应的能力，不同学段只是探究问题的难易、探究过程的精粗、探究手段的繁简、探究结果的多少不同而已。教学中应该有意识地做一些教学设计，让学生参与数学建模和数学探究活动。对初中生而言，让学生经历一些简单的数学建模过程，体会建模的数学思想，学生的能力会潜移默化地得到提升。很多老师对数学建模教学敬而远之，认为初中生不具备这个能力。事实上，数学建模不应被看成高大上的事，在初中数学中很多内容都可以加以应用，都可以设计一些相应的情境进行练习，关键在于老师是否具有这样的意识。

1. 最短距离模型

问题情境：牧马人从草原山的 A 地出发，到一条笔直的河边 l 饮马，然后到 B 地。牧马人到河边的什么地方饮马，可使所走的路径最短？

这是所谓的将军饮马问题。如果把河边近似地看成一条直线 l，C 为直线上的一个动点，那么，上面的问题可以转化为：当 C 点在什么位置时，线段 AC 和 CB 的和最小。关于这个问题的解决学生一般要经历两个层次。第一个层次，当 A、B 位于直线的两侧时，连接 AB，与直线 l 交于一点，根据“两点之间，线段最短”，可知这个交点即为所求。

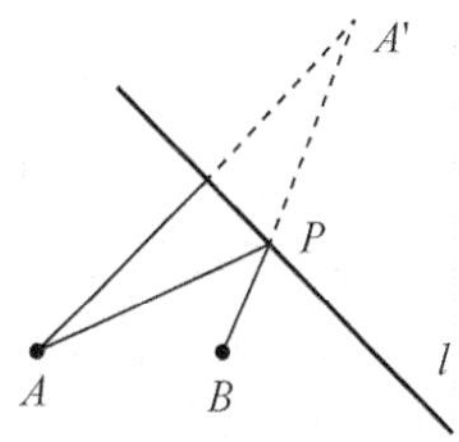

图 1

现在要解决的问题是，A、B 分别位于直线两侧，需要在直线 l 上找到一个点，使得这个点到点 A 和 B 的距离的和最短。如果把点 A 移到直线的另一侧 A' 处，同时对直线 l 上的任意一点 P，都要保持 $PA=PA'$，就可以转化为第二个层次的问题了。

如图 1，先作 A 关于直线 l 的对称点 A'，连接 $A'B$ 与 l 相交于 P 点，则 $AP+PB$ 就最小。那么这样作出的 $AP+PB$ 是否真的最小呢？要证明它只需要在直线 l 上任取一点 P'，证明 $AP'+P'A>AP+PB$ 就行了。这点比较容易证明，事实上，是因为 A'、A 关于 l 对称，有 $AP=A'P$、$AP'=A'P'$，又由三角形的两边之和大于第三边可知，$AP'+P'B=A'P'+P'B>A'B=A'P+PB=AP+PB$.

上述问题利用了轴对称知识得以解决。即利用作对称点的方法把折线问题转化成直线问题。这一方法在解决许多问题中都起着关键作用。事实上，运动着的车、船、飞机，包括人们每天走路都要遇到这样的问题。人们总希望寻求最佳的旅游路线，尽量走近道，少走冤枉路。我们把这类求近道的问题统称“最短路径问题”。

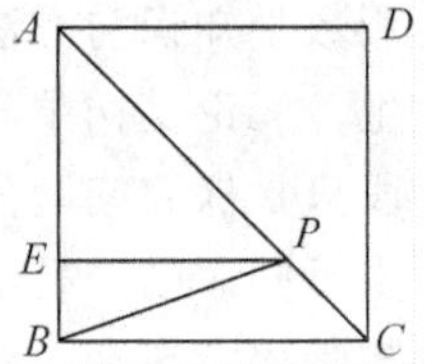

【案例 1】如图，在正方形 $ABCD$ 中，E 是 AB 上一点，$BE=2$，$AE=3BE$，P 是 AC 上一动点，求 $PB+PE$ 的最小值．

本题以正方形为载体，求 $PB+PE$ 的最小值，可以通过建立最短路径模型求得。连接 PD，由正方形的性质易知 $PB=PD$，这样 $PB+PE$ 的最小值问题就转化为在 AC 上找一点，使 $PB+PE$ 的值最小。连接 BD，根据“最短路径模型”可知，线段 BD 的长度就是 $PB+PE$ 的最小值。

【案例 2】已知实数 x，求代数式的 $\sqrt{1+x^2}+\sqrt{4+(3-x)^2}$ 最小值．

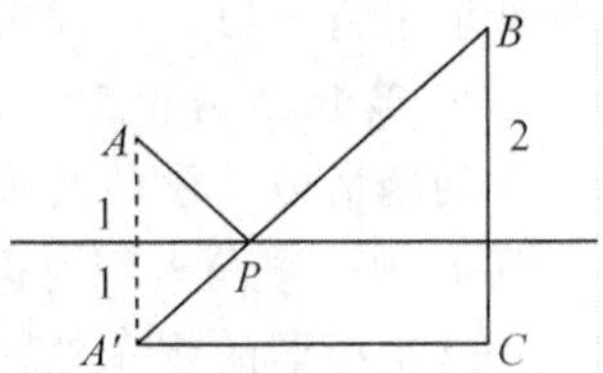

这是无理式的和，直接求解对初中学生而言显然有一定难度。但是建立最短路径模型，利用对称知识将 $\sqrt{1+x^2}$ 和 $\sqrt{4+(3-x)^2}$ 分别转化为两条线段的长度，问题便迎刃而解。如图：点 A、B 到直线的距离分别为 1 和 2，作 A 关于直线的对称点 A'，连接 $A'B$，根据“最短路径模型”可知，线段 $A'B$ 的长度就是 $\sqrt{1+x^2}+\sqrt{4+(3-x)^2}$ 的最小值．

2. 函数模型

在实际问题中，应用函数知识解决实际问题，关键在于建立符合条件的函数模型，然后根据函数的性质综合方程(组)、不等式(组)及图象求解。

【案例 3】学校为节约用水，提醒人们关注漏水的水龙头。同学们分别做了水龙头漏水实验，他们用于接水的量筒最大容量为 100 毫升。小宁在做水龙头漏水实验时，每隔 10 秒观察一次量筒中水的体积，记录的数据如下表(漏出的水量精确到 1 毫升)：

时间 t(秒)	10	20	30	40	50	60	70
漏出的水量 V(毫升)	2	5	8	11	14	17	20

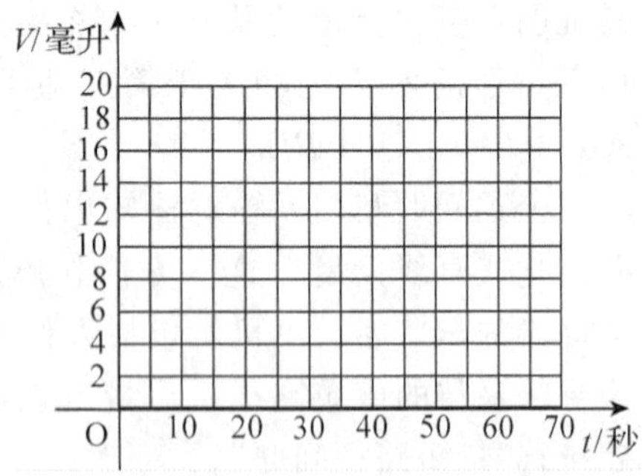

如果小宁同学继续实验，多少秒后量筒中的水会满而溢出？按此漏水速度，1 小时会漏水多少毫升？

如果在图中的坐标系中描出上表中数据对应的点，不难看出这些点分别在两段线段上，让学生在直观上感知规律性，从而建立一次函数模型。另一方面，直接从表中数据会发现，相邻两个数据的差与相应的时间之差的比值是不变的，均为$\frac{3}{10}$，这个值是一次函数中的比例系数，也是漏水的速度值，这种思维更具数学的本质。

【案例 4】在一次测量活动中，某同学测量了某种物体，不同大小的这种物体的体积 $x(\text{cm}^3)$与重量 $y(\text{g})$之间的关系如下表：

$x(\text{cm}^3)$	1.2	3.6	4.6	14.8
$y(\text{g})$	0.8	2.4	3.2	9.6

如果该物体体积为 28.8cm^3，试根据已有信息估计其重量。

学生根据表中数据在平面直角坐标系中描出相应的点(x, y)，这些点大致在一条直线上。这条直线可以选取其中的两个点来确定，如由(1.2，0.8)和(3.6，2.4)，其他两个点虽然不在此直线上，但由于比较接近直线，所以可以近似地认为它们的体积与重量也满足这一次函数关系。当然也可以选择另外的两个点来确定直线，看看其他点是否比较接近。

现实生活中的数量关系是比较复杂的，在生产和研究等实践中得到一些变量的对应值，有时很难精确地判断它们是什么函数，需要我们根据经验分析，也需要近似计算和修正。建立比较接近的函数关系进行研究，以便解决实践中遇到的现实问题。

3. 一元二次方程模型

许多现实问题的数量关系都可以抽象为一元二次方程，它是初中学生体会和理解数学与外部世界联系的重要载体。在这个内容的学习中可以让学生熟悉增长率、疾病传播等模型，教师应注意培养学生一些好的解题习惯，包括借助直观的方法，如画图、列表等工具。使学生学会阅读题目中的信息，画出关键词，寻找关键条件、确定变量，并由此确定等量关系，进而建立一元二次方程。检验所得方程及其根的实际意义，找出合乎实际的结果等。

【案例 5】给学生一张边长为 40cm 的正方形硬纸板，进行适当地裁剪，折成一个长方体盒子(纸板的厚度忽略不计).

探究 1. 如图，若在正方形硬纸板的四角各剪掉一个同样大小的正方形，将剩余部分折成一个无盖的长方体盒子.

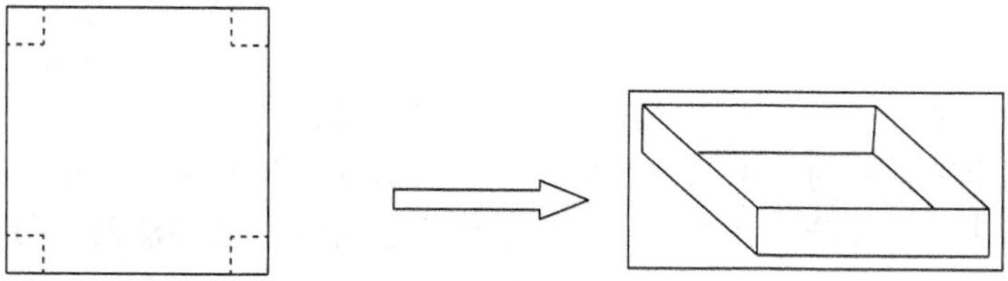

①使折成的长方体盒子的底面积为 484cm^2，那么剪掉的正方形的边长为多少？

②折成的长方体盒子的侧面积是否有最大值？如果有，求出这个最大值和此时剪掉的正方形的边长；如果没有，请说明理由．

解：①设剪掉的正方形的边长为 $x$cm，则 $(40-2x)^2=484$，即 $40-2x=\pm22$，解得 $x_1=31$(不合题意，舍去)，$x^2=9$. ∴剪掉的正方形的边长为 9cm.

②侧面积有最大值．

设剪掉的正方形的边长为 $x$cm，盒子的侧面积为 $y\text{cm}^2$，则 y 与 x 的函数关系式为：$y=4(40-2x)x$，即 $y=-8x^2+160x=-8(x-10)^2+800$，∴当 $x=10$ 时，y 最大$=800$. 即当剪掉的正方形的边长为 10cm 时，长方体盒子的侧面积最大为 800cm^2.

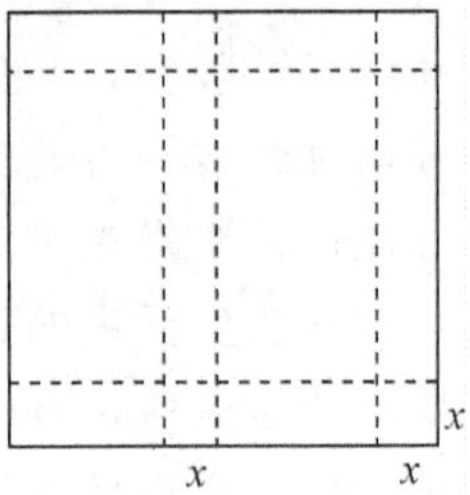

探究 2. 若在正方形硬纸板的四周剪掉一些矩形(即剪掉的矩形至少有一条边在正方形硬纸板的边上)，将剩余部分折成一个有盖的长方体盒子．若折成的一个长方体盒子的表面积为 550cm^2，求此时长方体盒子的长、宽、高．

解：显然裁剪的结果不唯一。在如图的一种裁剪图中，设剪掉的正方形的边长为 $x$cm，$2(40-2x)(20-x)+2x(20-x)+2x(40-2x)=550$.

解得 $x_1=-35$(不合题意，舍去)，$x_2=15$. 剪掉的正方形的边长为 15cm. 此时长方体盒子的长为 15cm，宽为 10cm，高为 5cm.

4. 几何模型

测量问题是一个古老的问题，源于土地的丈量，勾股定理的应用是一个很好的建模素材。学生经历了一次建模的过程，远比直接解一道数学题有意义得多。在勾股定理的应用教学中一位老师在课上给学生设计了下列情境，宋代诗人释斯植有一首小诗：

《苕溪舟次》

扁舟烟重冷渔蓑，两岸人家浸小河。

芳草自生春自老，落花随雨晚风多。

思嘉同学触景生情，他想计算一下这条小河的宽度。

学生最初并不知道老师的用意，甚至也没把它当作一道数学题，在讨论的时候，给出了多种方法：用竹竿量、用小船的速度测、用绳子等，头脑风暴之后，老师组织学生讨论这些方法的可行性，发现这些方法的局限性。接着引导学生借助刚刚学过的勾股定理解决问题，很快学生就找到了方法。为了估算这条河的宽度，在河对岸边选定一棵树作为目标点 A，在河的这一岸选取 B，C，D，使得 $AB \perp BD$，$\angle ACB=45°$，$\angle ADB=30°$，并且点 B，C，D 在同一条直线上。测得 CD，就可以计算出河宽 AB 的长。

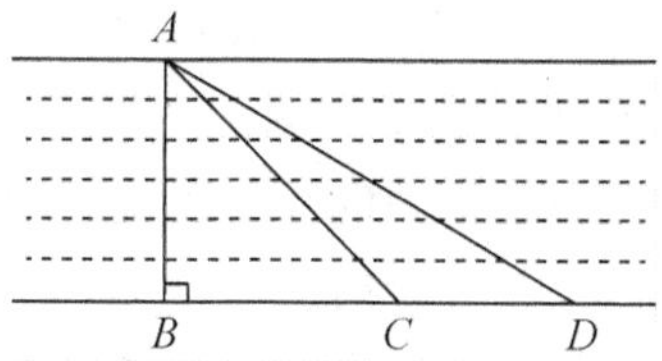

通过数学建模，帮助学生形成用数学的眼光看问题、用数学的思维思考问题、用数学的方法解决问题的意识和能力。在数学教学中，有目的地为学生设计问题情境，学生面对的不是直接套用数学公式、法则进行求解的问题，而是通过实际问题—抽象简化—建立模型—模型求解—模型检验—模型应用的过程。通过这样的建模活动，使学生养成遇到问题时能自觉地从数量关系和空间形式上思考的习惯，提高从情境中获取信息的能力，从而提升建构模型的能力。

此外，可以让学生自己寻找生活中的数学问题，在真实的情境中去探究，这对学生数学应用能力的培养是很有益的。

在数学教学中如何培养学生的核心素养，首先需要正确认识核心素养的意义。数学核心素养不是独立于知识、技能、思想、经验之外的概念，它综合体现出对数学知识的理解、对数学技能方法的掌握、对数学思想的感悟及对数学活动经验的积累，体现在“用数学眼光观察世界、用数学思维分析世界、用数学语言表达世界”的过程中，体现在“发现与提出问题、分析与解决问题”的过程中。①

从课程体系的角度看，数学核心素养是数学课程目标的基本组成部分。教师的教学观随着从“以知识立意”，逐步发展为“以能力立意”，到“以素养立意”的课程体系的基本变化而不断更新。

基于核心素养的课程体系下，教师如何教？

第一，我们需要转变观念。数学核心素养的培养和提升，需要理解、感悟，需要主动、自觉。不能依赖灌输、被动式的教与学，不能依赖简单的记忆、模仿。第二，整体认识数学课程。整体理解数学课程，包括整体把握数学课程的理念与目标，整体认识数学课程内容结构，整体设计与实施教学。比如函数概念、统计与概率的内容，小学到高中的数学课程中都有安排，但

①王尚志：《如何在数学教育中提升学生的数学核心素养》，《中国教师》，2016 年第 9 期，33—38 页。

是从小学到高中教材采用不同的方式编排，需要教师把握要求，让学生螺旋上升地理解、掌握。第三，整体设计教学。不同的数学内容按照一定的逻辑分布在不同的学习阶段，同一个内容可能分布在不同章节。表面上是分开的，但实际有着内在的联系和要求，因此，在备课时，要求我们改变孤立地设计教学内容的模式，整体设计教学，可以以“章”作为单元，可以以专题为教学设计单元，也可以以数学中通性通法为专题设计单元教学，如“整体代换求代数式的值”等。整体设计教学有助于更好地落实目标要求，比如分式是代数中“式”的重要内容，因此在教学中我们常常关注于分式的运算，用了较多的课时去进行分式运算的教学，而轻描淡写地学习分式的实际应用，这种头重脚轻的设计没有把分式和分式方程作为实际问题的重要模型去考虑。基于核心素养整体教学设计是“深度学习的核心，是深度学习的抓手，也是整体把握数学课程的抓手。”①第四，关注情境创设。创设问题情境是数学教学的重要环节。数学尽管具有严谨的逻辑，但它不是凭空产生的，它存在于生活中、科学中。基于数学素养的数学教学需要关注问题情境，包括实际情境、科学情境、数学情境、历史情境。情境创设和选择的原则是便于理解学习内容和要完成的任务，有利于激发学生的兴趣和热情。

课堂的时间是有限的，我们应该思考的是，“如何利用好课堂的时间来激发学生学习的兴趣，让他们能够在课外主动进行数学学习和探究。”②很多老师习惯于把自己认为重要的知识尽可能多地在课堂上讲给学生。从表面上看，这种做法虽然有利于保持知识传授的系统性和完整性，然而学生在学习上可能完全是被动的，他们主动学习的兴趣和积极性难以被充分激发出来。在信息技术高度发达的今天，获取知识的途径大大拓展了。课外阅读、文献检索、网络课程等都可以用来满足学习知识的需要。所以，需要对学生的学习作整体的设计和规划，把充分激发学生在课外自主学习的兴趣和积极性当作教学的一个不可或缺的关键环节，建立起课内与课外贯通的培养机制。

---

①王尚志：《如何在数学教育中提升学生的数学核心素养》，《中国教师》，2016 年第 9 期，33—38 页。

②刘承功：《把充分激发学生兴趣当作教学改革的关键》，《上海教育》，2013 年第 36 期，55—56 页。

课堂教学研究

数学教育的价值是什么？怎样才能使课堂变得更有效？是课堂教学带给我最多的思考。自己的课堂曾经在这样的状态中徘徊：课堂大部分时间是解题训练、是知识的形成过程，但概念的形成过程却轻描淡写。对学生而言，当我们的课堂总是进行机械的解题练习时，数学课就变得低效，变得失去它的光彩，失去应有的价值。“教师要成为研究者”的主张逐渐被老师们接受。教师、学生和教材构成教学过程的三个要素。教师是主导者，是学生学习的外因和条件；学生是学习的主体，是教学的对象，他们对学习的渴望和对知识的内化程度是学的内因；教材是教师组织教学内容的参考和依据，是学生理解、内化和应用知识的载体。作为主导者，以课堂为立足点，不断经历实践—研究—再实践的过程，一方面是适应教学的需要，另一方面也能获得理论上的提升和专业能力的发展。其实课堂教学研究并不是高大尚的事情，因为课堂是有生命力的，只要有研究的意识，处处都能发现有价值的问题，每位教师都有希望成为研究者。

一、理解教材

章建跃教授曾提出教学设计的“三个理解”原则，即理解数学，理解学生，理解教学。理解数学，主要是对数学的思想、方法及其精神的理解。理解学生，主要是对学生数学学习规律的理解。理解教学，主要是对数学教学规律、特点的理解。教师对教材理解得好才能引领学生学得好，尊重学生的学习规律才能采取有效的数学思维活动进行教学，只有遵循数学教学和规律、反映数学教学的特点，数学教学的质量和效益才能得到保证。

课程标准的目标需要通过教材来实现，因此理解课程必须理解教材。理解教材的意图，包括宏观上的整体编排到微观上的知识分布。新课程给老师们提供了更大的选择空间，教学不必拘泥于教材，可以创造性地使用教材。事实上，多数情况下，我们的数学课堂上，教学内容、教学深度和广度都远远超出课本的范畴。这就出现了一个问题，教学的深度和广度应该达到什么样的水平？这就要求教师在充分了解和把握课程标准、学科特点、教学目标、教材编写意图的基础上，灵活有效地组织教学，拓展课堂教学空间。教材的编写融入了课程设计理念和教材编写者的智慧，教师只有充分理解教材的编写意图，才可能更好地把握课程。

1. 尊重教材，突破已有的经验

有多年教学经验教师容易固守已有的经验和做法，有时不太乐于接受新的变化。以立体几何为例，高中立体几何的结构顺序与传统的教材相比有较大变化，采用从整体到局部结构编排，把点、线、面到几何体的顺序颠倒过来，并且把立体几何的内容分别安排在必修和选修两个模块。为什么要这样编排？从以往的教学实际看，立体几何的学习往往成为高中学生学习数学的较高门槛，其原因可能与空间观念的培养及逻辑推理能力培养交织在一起所导致的困难有关系。① 这种结构的安排，符合学生认识几何体的逻辑，即从整体到局部的认识过程。适当分散内容，分阶段有所侧重地进行教学，对学生的学习是有帮助的。如果教师不理解教材的这种意图，很难适应新的课程设计理念和做法。

2. 补齐短板，适应新课程

以高中必修 3《概率》一章的教学为例，按以往教材的安排，计数原理是作为概率计算的工具。老师们已经习惯了这样的教学安排，形成了一定的教学经验。但是按照新教材的安排，为了强调概率思想，避免复杂的组合计算干扰学生对概率思想的领悟，便将概率安排在前面。

按照老师们的经验，概率的教学重点是用计数原理计算古典概率，对应的练习当然也是大量的计算，但这样做却忽略了对概率本身的理解。于是很多时候，学生学习概率就变成了学习如何计数，而不是学习如何理解随机现象。这样造成的结果是，学生学完相关内容后，并没有很好地认识周围发生的随机现象，如天气预报、彩票中奖等，只会纸上谈兵、埋头计算。按照课程标准的要求，概率的教学更强调对随机现象的认识，这种调整回归了概率本身的意义。我们能够做的是，理解这种编写意图，教学中淡化在古典概型中计数的难度，强化对概率思想的理解。例如，通过典型的例子剖析古典概型的两个基本特征：每个基本事件的发生都是等可能的；所有的基本事件只有有限个。从最简单的抛掷骰子问题入手，通过“先后抛掷 2 次，把 2 次抛掷分别出现的点数作为考察对象和以 2 次的点数之和作为考察对象”让学生深刻

①章建跃：《中学数学课程论》，北京：北京师范大学出版社，2011 年，250—251 页。

体会“等可能性”。很多教师，尤其是年龄稍大一点的，在大学里接触的概率统计知识不多，教师的数学结构中统计和概率的知识比较薄弱，因而对概率统计思想的把握有所欠缺，这些都有可能导致教师对概率统计结构变化的用意不理解。还有诸如算法的教学中也有类似的情况，因此针对这种情况，老师应该补齐自己的知识的短板，这样才能在教学中引领学生的学习。

3. 控制教学难度，突出核心内容

教学内容过于简单不利于学生深刻理解相关知识，也不利于形成数学素养，但是对某些内容刻意加深难度，不仅给学生的学习增加了困难，更冲淡了核心概念、核心方法学习，这需要在教材使用时加以注意。比如集合的教学，课程标准中有基本的定位，集合作为一种数学语言，是现代数学的基本语言，使用集合语言可以简洁准确地表达数学中的一些内容。高中数学只将集合作为一种描述和表达问题的语言来学习。在之后对数学各个部分内容的学习中，学生学会使用最基本的集合语言表示有关的数学对象，逐步发展运用语言进行交流的能力。教材中关于集合的教学，无论从知识储备(比如不等式的解法)，还是从课时安排上都体现了这种定位，如果不理解教材的这个编写意图，就可能陷入增加课时、补充知识、增加难度的状况。对于高一的学生来说，这样的不必要的增加难度会给学生造成畏难情绪，挫伤他们学习高中数学的积极性和信心。

4. 重视新增内容的教学

教材的新增内容一定是经过充分论证、充分讨论才得以呈现在教材中的。这些内容要么有其实际应用背景，要么是进一步学习数学的需要，要么是对数学素养的形成有重要的作用，在教学上应该得到应有的重视。以高中《推理与证明》一章为例。

“推理与证明”是一种数学的基本思维过程，也是人们学习和生活中经常使用的思维方式。推理与证明思想贯穿于高中数学的整个知识体系，作为一章内容独立出现在高中数学教材中，不仅体现了其重要性，更重要的是一种观念上的引导。将推理与证明的一般方法进行了总结和归纳，把过去渗透在具体数学内容中的思维，以集中的、显性的形式呈现出来，使学生更加明确这些方法，引导学生能在今后的学习中有意识地应用它们，以培养言之有理、论证有据的习惯。同时，也是对数学教学的一种有效引导。

(1)理解教材编写意图，认识“推理与证明”独成一章的必要性

有人认为，《推理与证明》是对一些重要的思维方法与技能进行训练，教材把它们集中成一章会造成理解与技能的训练不到位。对于这些重要的方法，还是适当分散来处理较为妥当。这种观点显然没有参透教材的编写意图。事

实上，“推理与证明”贯穿于整个数学课程，教材在选修 2－2 和选修 1－2 中专门安排这一章的教学，不仅仅是技能与技巧的训练，而是意在突出“推理与证明”的教育价值。正如史宁中教授所讲，针对中小学的学生，甚至大学生，借助归纳推理所进行的教学，是使数学的教学实现由“理解掌握”过渡到“理解创新”的有效手段，也是使相对“枯燥无味”的数学变为相对“生动有趣”的数学的有效手段。可以想象，这种东西很难在中国传统的过分注重传授知识和技能的教学中得到实施。但是，为了培养创新型人才，必须培养学生的这种能力，必须培养这种基于经验的、通过想象和抽象推断结果的能力。这样的数学不可能立竿见影，但这样的数学是本质的，具有长效功能。

(2)重视合情推理的重要性

数学家波利亚曾说过，数学被人看作是一门论证科学，然而这仅仅是它的一个方面。数学家的创造性工作成果是论证推理，即证明，但是这个证明是通过合情推理、通过猜想而发现的。这段话充分反映了波利亚的辩证唯物主义的数学观及其方法论，即数学不仅是一门论证科学，具有演绎性，而且从数学的创造过程来看，它与合情推理相互之间并不矛盾，相反地，它们是互相补充的。就完成的形式而言，数学是演绎的科学，但是数学结论和数学证明思路的发现过程主要靠合情推理，即观察、实验、归纳、猜想等。因此，从数学发现过程以及数学研究方法的角度看，数学又是归纳的科学。因此，数学不单单是现成结论的体系，结论的发现过程也是数学的重要内容，这一章的教学应该让学生充分感受这一点，从而形成对数学的较完整的认识。

经历数学的发现，掌握数学发现的基本方法是发展学生的创新意识和创新能力的有效途径。归纳、类比是合情推理的常用思维方法，在解决问题的过程中，合情推理的结论往往超越前提所包容的范围，具有猜测和发现结论、探索和提供思路的作用。如果说通过演绎推理可以培养学生的运算能力、空间想象能力和严谨的学习态度，那么通过合情推理则可以培养学生的创新思维能力、创造想象能力、创新实践能力。这一章内容的学习有助于发展学生的创新意识和创新能力。

(3)如何进行教学

推理与证明的教学，不追求对概念的抽象表达，强调以实际问题与已学问题为素材进行教学。教学时应注意让学生经历推理的过程，感悟思想方法，着眼于能力的提高，但要控制难度。同时也应注意，“推理与证明”贯穿于高中数学教学的整个体系，绝对不是一个孤立的内容，要与平时的教学实际相结合，长期渗透。

教材意图把过去渗透在具体数学内容中的推理和证明的思维方法，结合各必修内容及初中所学内容，以“变分散为集中，变隐性为显性”的方式，使学生更加理解这些方法，并能在今后的学习中有意识地使用它们。因此，教学时应重视与已学数学知识间的联系。教学中应有意识地根据推理的定义，通过联想、类比、对比、归纳等方法将前面所学的高中数学核心知识迁移到新情境中，将新的知识内化到原有的认知结构中去。另外，有必要让学生自己做本章知识小结，通过这个环节，加深对各种证明方法的理解，使知识进一步系统化、条理化。同时建议学生在梳理知识时能够举出典型的例子，通过这些例子加深对方法的理解。

教学中应淡化概念，强调用具体实例说明问题。在这一部分内容的教学中不要过于追求对概念的抽象表达，而应重在让学生经历与感悟。从具体的例子入手，通过对具体问题进行分析、归纳与总结，抽象概括出一般的概念。教材紧密结合实例，分析合情推理的两种常见形式：归纳推理与类比推理。以具体的数学实例为载体，分析四种基本证明方法，避免了空泛地讲数学思想方法。例如在教材中，列举了诸如科学研究、数学发现、日常生活中的典型事例，通过这些例子总结出归纳推理和类比推理的概念，说明归纳推理与类比推理的意义和价值。通过这些例子，引发学生猜想，利用类比和归纳进行从特殊到一般的思维训练，提高学生自主探索的意识。

注意引导学生经历和感悟推理的过程。以归纳推理为例，首先，教师必须清楚，通过合情推理得到的结论不一定是必然的，但对于获取新的数学知识而言，它却是一种有效的方法，甚至有人认为，得到这种具有或然性的结论是数学创新的根本。因此，就教学目标而言，应重视这种推理模式的教学，对于它的把握，需要通过学生的实际操作和内心感悟。在实际教学中应通过具体实例，引导学生运用合情推理去探索、猜测一些数学结论，并用演绎推理确认所得结论的正确性。要让学生自主去观察、发现、猜想，培养学生推理的能力。

教学中要关注数学文化。在本章的学习中，应引导学生认真阅读教材中的“阅读材料”并在课外积极主动地查阅一些资料，如《数学与猜想》、《数学名题》等，更深刻地理解推理与证明的价值。同时，教师也应充分利用课本例题进行数学文化的渗透，例如有的教材中把“$\sqrt{2}$是无理数”作为学习反证法的一个典型例题。事实上，它的证明有其深厚的文化背景，两千多年前，古希腊人用反证法证明了$\sqrt{2}$不是有理数，这是用反证法证明命题真实性的最经典的实例。

二、设计教学

章建跃教授曾尖锐地批评课堂低效的现象，到底怎样才能实现课堂教学的有效性？他认为，只有围绕数学概念的核心展开教学，在概念的本质和数学思想方法的理解上给予点拨、讲解，让学生在理解概念及其反应的数学思想和方法的基础上，对细节问题、变化的问题进行深入思考，这样才能实现有效教学。因为概念的核心、思想方法是不容易把握的，这是教师发挥主导作用的重点所在。具体细节正好是锻炼学生应用概念解决问题的机会，是促进学生理解概念的平台。那种事无巨细、要把所有细节、变化都在课堂上讲完练完的方法，最终只能把关键、重点、核心淹没在细节的海洋中，不仅教学效果不佳，而且导致学生负担沉重。

什么是概念的核心？以《三角函数的诱导公式》为例，如果从三角恒等变形的角度理解三角函数诱导公式，把它当成是将任意角的三角函数转化成锐角三角函数的工具，在“奇变偶不变，符号看象限”的技巧中机械地解决问题，并没有真正抓住核心。事实上，$y=\cos x$ 和 $y=\sin x$ 是单位圆的解析描述，从这个角度看，正弦函数、余弦函数的基本性质就是圆的几何性质的解析表述，这里主要是指对称性。于是诱导公式本质上就是圆的旋转对称性和轴对称性的解析表述，它是三角函数的重要性质。围绕“对称性”这一核心展开教学，就可以实现诱导公式教学的以简驭繁。如果角 α 为任意角，$\beta=2k\pi+\pi+\alpha$，其中 k 为整数。由于 α、β 的终边与单位圆的交点关于原点对称，因此 $\sin\beta=\sin(2k\pi+\pi+\alpha)=\sin(\pi+\alpha)=-\sin\alpha$. 类似的，很容易得到其他诱导公式。所以，三角函数诱导公式的教学的依据是三角函数的定义，工具是单位圆，思想方法是变换(旋转和对称变换)。

按照课程理念，学生的数学学习内容应当是现实的、有意义的、富有挑战性的，内容的呈现应采用不同的表达方式，以满足多样化的学习需求。有效的数学学习活动不能单纯地依赖模仿与记忆，而是要经历动手实践、自主探究等过程进行知识建构的过程。数学教学活动也应该是以学生为主体、积极主动的学习过程，教师通过设计教学活动，有效地促进基础知识、基本技能、基本思想、基本活动经验的落实，在教与学的过程中培养学生提出、分析、解决问题的能力和理性精神、数学思维习惯。做好教学设计，需要关注以下几点：

1. 基于情境，经历知识的建构过程

情境设计的目的是为了促进学生对知识和方法理解与应用，在长期的学习过程中形成数学的核心素养，因而需要根据具体的问题选择或设计恰当的情境。

情境选择的基本原则是便于理解学习内容和要完成的任务，循序渐进，进而激发学生的兴趣和热情。所以需要注意的是这种基于数学逻辑结构的情境对学生的要求较高，要依据学生的实际情况，考虑学生的认知水平加以选择。恰当的情境设计，可以让学生从更深远的背景出发，使学生带着兴趣去学习。

【案例 1】一元一次方程的应用题教学

讲一元一次方程的实际应用时，一位老师用学生亲身经历的游学为情境，提供了两个游学公司的门票购买方案，先让学生自己观察，从表中提取信息、提出问题、并说出自己的初步结论。再让学生计算在两个公司提供的方案下的游学费用，并进行比较，得出结论。

整个教学过程中，学生一直处在一个真实的情境中，老师并没有直接提出数学问题，而是学生在解决实际问题中自然而然地用数学的方式去思考、解决，最后加以提炼。这样的设计无形中培养了学生的"数感"以及信息提取能力；把"招标"引入数学课堂，让课堂具有趣味性、竞争性，使学生在欢乐、愉快、乐学的气氛中学习，有助于激发初一孩子的学习动机，调动学习的积极性。对初一的学生而言，应用问题，而且是有关方案选择的问题是比较困难的，但是这样的情境设计不但化解了学生的畏难情绪，重要的是培养了学生的思维品质。

【案例 2】平面直角坐标系的教学

课堂上我设置了"学校位置确定"这一情境，在真实的生活情境中，学生需要表示学校南门和麦当劳的位置。首先经历一次抽象，即把道路抽象成直线，把建筑物抽象成点。学生发现，把原点选在沙石厂路口，在建立了数轴之后，这条直线上的点的位置可用一个数(坐标)表示。可以用正、负数更好地区分学校与麦当劳在沙石厂路口的不同方向上。

以沙石厂路口为原点，以阜石路为水平方向的数轴，可以利用正负数区分东西方向。为了区分南北方向，再选南北方向的路(沙石厂路)为竖直方向的数轴，就可以利用数的正、负区分南北方向了。这样自然而然经历了平面直角坐标系的建立过程。

再让学生思考，已经知道直线上的点与数(坐标)是对应的，那么坐标平面上的点与有序数对(坐标)是对应的吗？是一一对应吗？引导学生理解点的唯一性是由平面内两条直线垂直时，垂足的唯一性决定的。

这节课的学习，学生是从实际生活情境出发，经历设置情境提出问题—

建立模型解决问题—抽象概念理解应用—归纳总结提升认识的递进过程。通过类比数轴的产生，建立平面直角坐标系，表示平面内任一点位置，在具体问题中体会坐标的有序性，认识点与坐标的一一对应关系，并能给出数学解释。在探究问题中，利用类比的方法，体会数形结合的数学思想，培养学生提出问题、分析问题、解决问题的能力，帮助学生提高归纳总结能力、抽象概括能力以及独立思考和合作交流的能力。

【案例 3】对数函数概念的引入

教材一般以“细胞分裂”或“通过碳 14 的残余量推算马王堆古墓的年代”等实际问题引入。教学中的实际情况是，对学生而言，前者或许没有新意，“细胞分裂”这一情境，在学习指数函数时已经经历过。后者只是通过已经给出的公式，认识一个新的函数，略显生硬。

我们不妨尝试用刚刚学过的对数运算引入对数函数，先请学生计算：

$\log_2 2=$______ $\log_2 4=$______ $\log_2 6=$______ $\log_2 8=$______

$\log_2 1=$______ $\log_2 \frac{1}{2}=$______ $\log_2 \frac{1}{4}=$______ $\log_2 \frac{1}{8}=$______

进而提出以下两个问题：

1. 底数不变，给定一个真数，对数值是否唯一确定呢？为什么？（对数是真数的函数）

2. 底数不变，真数变化，相应的对数值怎样变化？有规律吗？

如果用 x 表示真数，y 表示对数值，于是要研究的对象是：$y=\log_2 x$，由问题 1 可知 y 是 x 的函数，这个函数就是 $y=\log_2 x$. 引导学生观察这个函数的特征：含有对数符号，底数是常数，真数是变量，从而归纳出对数函数的定义。这样可以使学生感受研究对数函数的必要性，又能激发学生学习新知的欲望。

这个设计是在学生的最近发展区提出问题，与前例不同的是基于数学逻辑结构，有助于直接触及学科知识更本质的层面，提升和发展数学思维能力。这种设计思路符合知识的发生发展过程。

王尚志教授在《如何在数学教育中提升学生的数学核心素养》一文中认为，“创设合适情境是基于数学核心素养教学的一个关注点。情境可以是实际情境、科学情境、数学情境、历史情境。问题情境是数学思维和数学活动产生的具体条件，通过创设情境，调动学生学习的主动性，情感的积极性，思维的数学化，有利于学科素养的形成。”[①]学生在情境中学习要经历一个信息提

①王尚志：《如何在数学教育中提升学生的数学核心素养》，《中国教师》，2016 年第 9 期，33—38 页。

取、加工、处理的过程，甚至需要进行数学建模。问题情境的设计是一个返璞归真的过程，从情境到数学问题的产生、理解、解决，形成数学思维，有助于学生养成用数学的方法观察问题、用数学的思维分析问题、用数学语言表达问题的习惯。学生解实际问题时很困难，在回归真实情境时很困难，也许是因为我们在日常的教学中常忽略问题情境，尤其是真实的情境。课堂上急于把数学知识或者方法教给学生，很少让学生经历从真实的问题情境中逐步抽象或者建构数学模型的过程，使得数学学习容易变成被动接受、抽象的思维活动。

2. 有效的问题引领

数学教学就是让学生学习数学知识，并在学习过程中不断地体会和领悟其中的数学思想方法，从而潜移默化地提高自身的数学素养。这个过程中教师不能替代学生去接受数学知识，而要起到一个引导者的作用。那么如何有效地实施这种引导呢？长期的教学实践告诉我们，教师通过问题引导，让学生自主地思考与探究是有效实施这种引导的重要途径。

数学问题可以指数学课堂教学的提问，也可以指数学教学全过程中所提出的数学问题，比如课后留给学生思考和研究的问题、课后的实习作业中所提出的问题、每章章节后的问题、数学研究性学习的问题等等。

一个好问题的标准应是：能反映教学内容的本质，学生经过适度努力能够解决。有效有三层含义。一是有效果，指对教学活动结果与预期目标的吻合程度的评价；二是有效率，教学效果和教学效率的比值；三是有效益，指教学活动的收益、教学活动价值的实现，从操作层面来说，有没有效益是指教学目标与特定的社会和个人的教学需求是否吻合及吻合程度的评价。

课堂教学要的不是热闹的场面，而是对问题的深入研究和思考。问题设计的好坏直接影响到教学的效果。教师要设计好问题，并引导学生围绕问题展开讨论、辩论，还要对学生的问题进行梳理，抓住和提取有价值的问题进行交流互动。教学设计应该围绕下列要求设计问题。

(1)目标指向性。围绕目标设计问题，不偏离课程标准的要求，也要尊重学生的实际情况。问题的设计要符合学生一般认知规律、身心发展规律，包括学生的知识经验、能力水平、学习习惯、生活经历及环境、个性、爱好及基本心理情况等；

(2)核心引领性。围绕核心知识、核心方法设计问题。问题之间有逻辑性，由浅入深；

(3)启发性。问题应对所研究的课题具有提示作用，符合数学学科特点，使学生借助于这种启发，领悟数学实质，提炼数学思想方法，灵活运用数学；

(4)开放性。问题富有层次感，入手较易，开放性强，解决方案多，学生思维与创造的空间较大；

(5)思维拓展性。教师围绕核心知识，在学生最近发展区设置问题，或让学生自己提出感兴趣的问题，以此启发引导学生思维，发展学生的思维能力；

(6)体验性。根据学生的特点设置适当情境，引入问题。具体说就是能给学生提供深刻体验，人人有所得，包括操作、探究的机会或替代性经验，学生能够感受、体验数学，并有助于学生发现问题、提出问题；

(7)激励性。以学生为主体、教师为主导的教学，应能充分调动学生的学习积极性，所以教师在提问时不仅要注意问题的知识性，同时还应注意问题的艺术性，尽可能多一点幽默感和趣味性。

在数学课程目标中，特别强调发展学生发现、提出问题与分析解决问题的能力，在基于数学核心素养的教学中，这也是关注的重点。①

对于教师来说，设置有效问题，以问题为导引，层层递进，可以充分集中学生的注意力、调动学生的思维潜力，在经历解决问题的过程中提升学生的思维能力。毫无疑问，一个生机勃勃的、情绪高涨、充满师生互动的教育永远比一个注重灌输、静听、死气沉沉的教育更富有成效。

【案例 4】椭圆的概念教学

在椭圆概念的教学中，我尝试将简单的动手实践转变成对椭圆概念的形成及性质探求，课堂上先请各组同学按以下程序操作并思考和讨论：

(1)取适当长度($2a$)的细线，在细线两端系上图钉并按在铺有白纸的桌面上两点 F_1、F_2处，两点 F_1、F_2的选取满足 $|F_1F_2|<2a$.

(2)用铅笔一端拉紧细线，并转动一周，画出一个图形(椭圆).

(3)改变细线长度，使 $2a=|F_1F_2|$，重新操作(2)，能得到什么结论？

(4)改变细线长度，使 $2a<|F_1F_2|$，出现什么现象？

(5)根据(1)～(4)的操作，讨论能得到什么结论。

(6)重新操作(2)、(3)，观察各个图形(椭圆)具有怎样的性质？(总结一般规律，自然得出椭圆的定义，并为适当建立平面直角坐标系求椭圆方程做铺垫。)

(7)重新操作(2)、(3)，观察、讨论椭圆的扁平程度与 $2a$ 和 $|F_1F_2|$ 有什么内在联系？

在上述实验过程中，椭圆的概念、性质不是作为结果直接告诉学生的，

①王尚志：《如何在数学教育中提升学生的数学核心素养》，《中国教师》，2016 年第 9 期，33－38 页。

而是通过学生动手操作、合作探究获得的，这是一个主动构建知识的过程，通过让学生边做实验，边反思上述的问题，能够对椭圆的概念和性质有感性、直观的了解。

3. 抓住数学本质

数学教学要善于从问题情境中发现数学的本质、思想的精髓，引领学生学会用数学的思维方法认识问题、解决问题，实现从“教育的数学”走向“数学的教育”。关注问题情境与抓住数学本质并不矛盾，如果说情境的创设是为了促进学生有意义地学习，那么抓住数学本质是数学教学的核心，只有抓住本质才能更好地理解和提升数学素养。

【案例 5】等差数列求和公式的推导

利用倒序相加法推导等差数列求和公式时，一般都采用名人故事引入，也称“高斯算法”，然后让学生算出 $1+2+3\cdots+100$ 的值，接着提出“求 $S_n=1+2+3\cdots+n=$____”的问题，从而引出“倒序相加法”，再推广到一般情形，获得求和的思路，最后利用等差数列的性质得出求和公式 $S_n=\dfrac{n(a_1+a_n)}{2}$.

按照这个思路设计如下问题：

问题 1：怎样计算 $1+2+3\cdots+100=$____. 学生易得：$S_{100}=(1+100)+(2+99)+\cdots(50+51)=50\times101=5050$，即首尾配对得到上述结果。

问题 2：$S_n=1+2+3\cdots+n=$____$(n\in\mathbf{N}^*)$。问题 1 是问题 2 的特殊情况，受高斯算法启发，用下面的方法计算：

$$S_n=1+2+3\cdots+n$$
$$S_n=n+(n-1)+(n-2)+1$$

将上述两式相加得：$2S_n=(n+1)\times n$，于是 $S_n=\dfrac{n(n+1)}{2}$.

问题 3：怎样由等差数列 $\{a_n\}$ 的前 n 项和 $S_n=a_1+a_2+a_3+\cdots+a_n$ 得出 $S_n=\dfrac{n(a_1+a_n)}{2}(n\in\mathbf{N}^*)$？

从问题 1 到问题 3 的解决过程，遵循着特殊到一般的探究思路，这个过程的是形式上的“首尾配对”，过渡到“倒序相加”，其实质是挖掘“$1+2+3\cdots+n$ 求和的本质规律”。笔者在听课中常看到这样的现象：教师引导学生观察 $1+2+3\cdots+100=(1+100)+(2+99)+\cdots(50+51)=50\times101=5050$ 这个式子的结构，学生很快能推广到一般形式：$1+2+3+\cdots+n=(n+1)\times\dfrac{n}{2}$，于是就认为学生已经学会了“倒序相加”。而事实上，学生的思维往往还是停留在“首尾配对”上。怎样带领学生寻求问题的本质，让学生真正掌握这种算法的实质？

这是教师必须思考的问题。因此，有必要对这种算法进行深入的分析。

显然“倒序相加”是推导等差数列求和公式的关键，但为什么要“倒序相加”？怎样想到“倒序相加”？这在教学中是一个难点，也往往是被忽略的一点，解决了这个问题才是真正掌握了公式推导的本质。

$1+2+3+\cdots+100$ 与 $(1+100)+(2+99)+\cdots(50+51)$ 的本质区别是什么？事实上，前者是求100个不相同数的和，后者是求50个相同数的和，求和的本质区别并不在于是100个还是50个，而在于“相同的数”与“不相同的数”。相同的数求和是一个简单的问题，将不“相同的数求和”化为“相同数的求和”，这是推导等差数列求和公式的思想精髓。

教学中不妨设问：为什么要配对？怎样实现从“配对”到“倒序相加”？因为要实现将“不同的数求和”转化为“相同的数求和”，所以要进行分组配对。求 $S_n=1+2+3\cdots+n$ 时，可以对 n 进行分类讨论解决：

当 n 为偶数时，$1+2+3+\cdots+n=(n+1)\times\frac{n}{2}$；

当 n 为奇数时，可以剔除中间一项$\frac{n+1}{2}$，剩余项数和为偶数。

$$1+2+3+\cdots+n=(n+1)\times\frac{n-1}{2}+\frac{n+1}{2}=(n+1)\times\frac{n}{2}$$

是否一定要分类讨论呢？怎样既能避开讨论，又能达到“配对”的目的？显然“倒序相加”解决了这个问题。

由此可见，“倒序相加”是一种手段和技巧，转化为相同的数求和是解决问题的思想，等差数列自身的性质使所采取的手段达到了目的。至于怎样引导学生获取“倒序”这种形式，仁者见仁，比如可以通过对“$1+2+3+\cdots+100=(1+100)\times\frac{100}{2}$”这一结果进行倒推来引导学生观察所得式子的结构特征，还原“思考过程”，从而获取“倒序相加”的方法，再推广到一般情形得出结论。

“钢管算法”也是不少教材(如人教B版，苏教版)采用的等差数列求和公式的推导方法。教材设置的情境及解答大致如下：

某仓库堆放着一堆钢管，最上一层放了4根，下面每一层比上一层多1根，共8层，这堆钢管共有多少根？

这堆钢管从上至下每层的根数组成了首项为4，公差为1的等差数列，最下层的根数是11。可以设想，在这堆钢管旁，倒着堆放同样数量的钢管，这时每层钢管都有(4+11)根，因此这堆钢管的总数为 $15\times8\div2=60$ 根。从而实现从“倒放钢管”到“倒序相加”的转化。将上述算法推广到一般形式，得到

等差数列的前 n 项和公式 $S_n=\frac{n(a_1+a_n)}{2}$.

不难看出，从求钢管的总数获得等差数列求和问题的思路，这个过程体现了知识的形成过程。但是笔者认为“倒放钢管”似乎有些牵强，如果直接由教师给出这个思路，这种设计就失去了它应有的意义。

教材的这个设计的特色在于将实际问题抽象成数学模型，由直观到抽象，本身是研究数学问题的一般方法，符合学生的认知规律。如果能够让学生经由自己的感悟，由直观图形抽象出数学问题，进而发现数学思想方法，这显然是课程标准和课程理念在教学中的一次很好的落实。实际问题的引入，自然需要背景，上述问题的数学背景是什么？笔者认为将梯形面积公式的推导作为背景可以将这种情境很自然地与数学结合起来。

观察这堆钢管的轮廓(纵截面)，发现这个图形好似一个梯形，不妨将钢管总数与梯形面积进行类比，将层数与梯形的高类比，将最上和最下两层的根数分别看成梯形的两个底，联想梯形面积公式，可猜想得到 $S_n=\frac{n(a_1+a_n)}{2}$，然后再进行公式的推导。这样处理入情、入理、自然、贴切，不仅问题情境发挥了应有的作用，也让学生体会合情推理的意义，这样的推导会使学生理解知识的同时记忆深刻。

总的来说，以上两种设计的共同之处是都按照“问题情境—知识建构”展开的，但又独具匠心，通过情境充分暴露数学的思维过程。为什么要“倒序相加”？如何走向“倒序相加”？在教学设计中，应该十分注意这两个问题的突破，这样才能在不同设计中既能赋予其生动、鲜活的背景，又能抓住其数学本质，从而使学生在知识的形成过程中，既得到正确的结论，又体会知识的发生过程。

【案例 6】有理数乘法的教学

在进行有理数乘法教学的设计时，第一种设计是“规定”。因为乘法法则是规定的，只要告诉学生这个法则是什么，学生记住了，再根据法则练习、巩固就好了。另一种设计是先给出一个问题情境，学生在情境中验证法则的合理性，然后进行练习、巩固。比如如下情境：

一只蜗牛现在在点 O，它每分钟爬行 3cm，那么

(1)向右爬行，2 分钟后在什么位置？

(2)向右爬行，2 分钟前在什么位置？

(3)向左爬行，2 分钟后在什么位置？

(4)向左爬行，2 分钟前在什么位置？

爬行的方向有相反的区别，时间有时态的区分，若规定向右为“+”，向

左为“一”，将来时记为“+”，过去时记为“一”，这四个问题的数学表达式就可以分别为：3×2，$3\times(-2)$，$(-3)\times2$，$(-3)\times(-2)$，在第4个问题中，蜗牛2分钟前应该在点O右侧6cm处，所以$(-3)\times(-2)=6$，根据这个情境学生很容易理解法则。于是法则似乎被“合理接受了”，“负负得正”也合理了。但是，是否有学生会问：若规定将来时为“一”，过去时为“+”呢？得到的结论恰恰是“负负得负”。你怎样给学生解释呢？告诉学生“这是规定”？如果从数学的逻辑来考虑，是没有问题的，因为法则确实是规定的。但是考虑到学生的需求和发展，这样的解释是远远不够的，我们需要给学生一个合理的、有助于理解数学本质的解释。第二种设计以现实情境为依托，其具体形象的问题情境调动了学习的兴趣，降低了学习的难度，体现了数学与生活密不可分的联系，有利于学生树立良好的“数学实用观”。但是，另一方面，它在一定程度上淡化了数学内部的联系。

有理数乘法法则是一种规定，它的正确性不依赖于逻辑推理，而是“源于数学的特征与数学的和谐运转的需要”。① 我们可以告诉学生，规定“负负得负”，也是一种规定，但是数学运算法则的规定不能让原有的运算法则失效，也就是说不能破坏原有的运算规则。根据已有的规则，$(-1)\times0=(-1)\times(-1+1)=(-1)\times(-1)+(-1)\times1=(-1)\times(-1)+(-1)$，由于$(-1)\times0=0$，于是$(-1)\times(-1)+(-1)=0$，所以$(-1)\times(-1)$应该等于1. 这个解释的是基于单位元及其负元的概念，“数(Q，+，×)构成有单位元的环，且单位元唯一”得到的，这个可以不必向学生解释，学生将来到大学就会学明白。“负负得正”是在“保持运算的持续性”的前提下的规定，这种解释相比于其他方法更接近数学的本质。这样一来，学生体会了数学的严谨性，更带着些许期许去学习数学。

数学中有些性质、定理、法则的得到是学生经历直观感知、操作确认、归纳推理、图形验证等方式学习的，不需要学生掌握其证明过程，但不是说就不需要说理，“数从理出”是数学不同于实验学科的特征。当学生有疑惑时，应该能够给学生讲清楚，不能一带而过或用“这是规定”敷衍过去，这样有违数学的精神。

数学课的教学目标是要让学生理解知识，学会思考，学会学习，自己能提出新的问题。教师的任务是在理解数学、理解学生、理解教学的基础上进行教学过程的设计。代数的核心问题是运算，即引入概念后，核心就是运算。

---

①彭林：《基于熟悉扩充思想的“负负得正”的教学设计》，《中小学数学》，2016年第10期，57页。

如“整式的加减”的教学，在教学设计中让学生懂得，因为字母代表数，所以字母运算与一般的数的运算种类相同，也涉及加、减、乘、除、乘方等运算。当学生了解了需要对字母进行这些运算时，相应的知识的引入就成了必要。于是学生自然地会去思考“整式加减的核心是什么?”也会明白核心是合并同类项。定义了概念之后接下来当然是运算。这样就有了结构体系，这种设计思路符合知识的发生发展过程。这种以数学的结构体系为切入点创设问题情境在代数运算的教学中常被用到。如果在教学中能够恰当运用，有利于学生按代数学的基本思想、基本问题来思考问题。

三、撬动思维

在学习《一次函数》这一章时，为了让学生对函数有更多的了解，拓展视野，我让学生上网去查有关函数的资料，并自选角度做成一张数学小报。出乎我的意料，学生对这个作业非常感兴趣，函数的发展、函数的类型、函数发展中的关键人物……大家从不同的角度展示了函数绚丽多彩的一面。王宇宁发现了一些新的“函数”，自己运用 TI 图形计算器尝试去画这些有趣的图象，结果发现图象的背后原来是复杂的方程；王思丁查阅了有关函数概念的发展，认识了一些数学家，在她看来函数冷冰冰的面孔变得温和而富有情感，于是她做了两张小报展示这些故事。我建议让她删掉一些内容，跟其他同学一样做一张，而她觉得这些内容都很珍贵，一个字也舍不得删掉，都想展示出来。课堂之外的学习不仅丰富了知识，也让他们对函数的兴趣陡然上升，他们带着自己的发现去思考和探索。这个过程与其说是老师创造了一个激发学生学习热情的情境，不如说是信息技术撬动了学生的数学思维。

(一)TI 图形计算器的应用

数学学科的特点决定了学生在数学学习中的困难，其抽象性让很多学生望而却步。教师要恰当使用各种信息辅助手段，给学生提供抽象思维的必要支持，保证教与学的过程的高效、流畅，信息化手段的恰当运用有利于促进学生数学思维的发展。

TI 图形计算器为学生利用信息技术进行数学学习和实践提供了更为便利的手段。它的最大优势在于学生可以自主运用它进行操作、实验。在课堂上，它营造了及时互动、共同学习的环境，利用它可以及时反馈学生的思维过程，给教师和学生分析学习过程提供了便利。利用图形计算器，教师可以随时随地指导学生学数学，学生有了图形计算器，就如同进入一个“移动的数学实验室”，在课堂上，它可以让学生自主进行探究，将思维融入动态的情境中。

【案例 1】将军饮马问题

【问题情境】古代一位将军骑马从城堡 A 到城堡 B，图中马要到小溪边饮水一次。如何确定饮水地点 C 使将军所走路程最短？请你帮助这位将军找到饮水点 C 的位置并用所学数学知识说明理由．

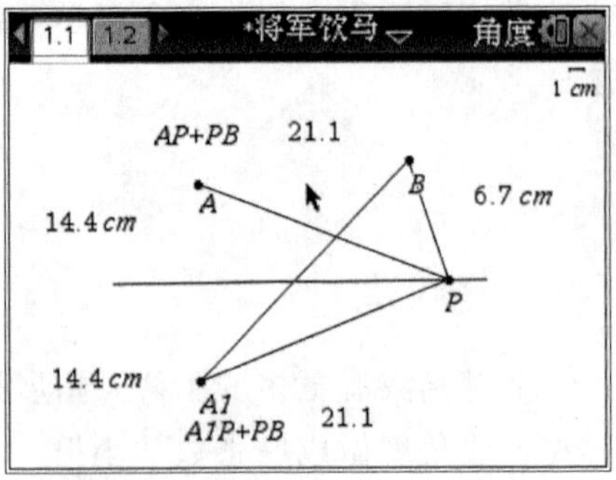

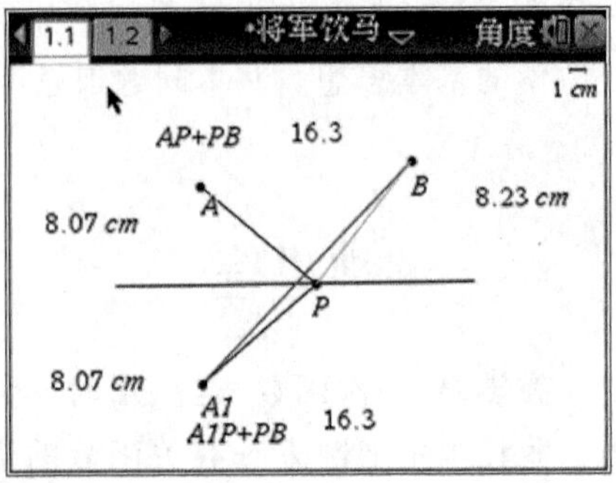

【实验过程】教师引导学生利用轴对称知识作出上述图形，学生自主运用此课件，拖动 P 点，当 P 点在直线上运动的时候，观察 $AP+PB$ 与 A_1P+PB 的值的变化情况。

【实验目的】体会建立数学模型的过程，借助图形计算器，体会 P 点在运动过程中 $PA+PB$ 变化的过程，从而发现满足条件的点 P 的位置。

【实验结论】当 P 点与 A 点关于直线的对称点 A_1、B 点共线时，$PA+PB$ 最小。然后再利用对称知识解释这个结论。

学生不仅能在课堂上用图形计算器学习数学，还可以在课外继续进行自身的体验、探究和实践，因而有一个充分发挥自主性和创造力的空间。

在四月初校园科技节活动中，我鼓励学生们展示自己选修课上的一些创作，经过一些准备，推选五名同学做代表。科技节组委会也为这个 TI 小组的这五名同学提供了一个展台，展示自己的创作。起初我对这个展台的被关注度并不抱有多大期望，因为操场上有三十多个展台，品尝现场制作各种食品、操作各种演示实验、动手制作模型、体验艺术表演，相比于这些琳琅满目的创作，TI 展台显得单薄而抽象。不过令我惊讶的是，活动当天，我们的这个展台竟然出乎意料的热闹，参观者一直络绎不绝，TI 的小伙子们将自己日常的创作过程的照片，布置在展台，把一个纸盒包装箱设计成黑色“暗箱”以便在日光下能够看到用程序控制的灯关的闪烁。他们耐心地一遍遍向同学、老师、家长们展示他们利用程序创作出的各种图案、音乐、闪烁的灯光，介绍原理和创作过程。三个小时的时间，一直忙个不停，也乐此不疲。

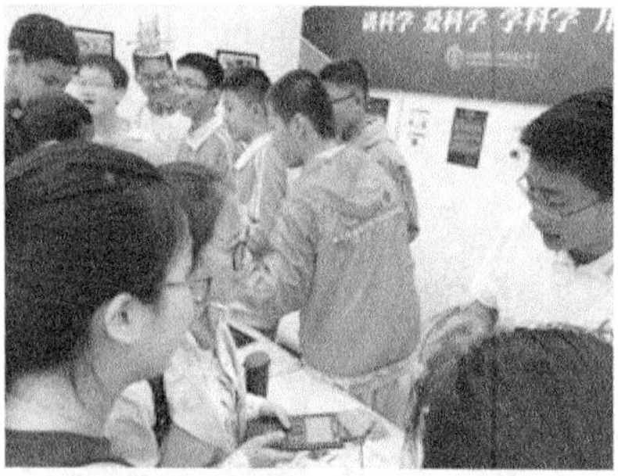

一位初三年级的学姐看到他们在讲函数图象，好奇地挤进来想看个究竟。张英杰展示图象的生成过程，还教几个学姐绘制了二次函数、三次函数及其他一些函数的图象。寇奕铭向其他来参观科节活动的数学老师讲解自己作品后面的数学原理，虽然并不深奥，但在他们看来这是他们取得的新成就。王宇宁向校长介绍了“创作”“神奇的电波”的过程，还用刚学到的函数知识解释这些图形与函数图象的区别，校长表扬了他的这种探索精神，鼓励他探索更多的奥秘。

【案例 2】TI 图形计算器——我们的新朋友

具有 CAS 功能的计算机软件很多，但大多较为庞大，还需要借助一台电脑完成，而具有“移动数理实验室”之称的 TI 图形计算器，推出了 CAS 运算功能，其最大的优点在于我们可以自主动手操作，用它探究数学问题、自主开发一些东西，在探索的过程中体验课本上没有的原理、方法。它已经成为我学习的助手和探索新知识的工具！

"神奇的电波"

前几天，为了拓展视野，认识函数，老师让我们网上查阅函数的相关资料，我偶然发现一些图象，这些图象很像我脑海中的电波，跟我们课堂上学习的函数图象很不一样，我很好奇，就用手中的图形计算器试着去画，居然做出来了，我把这些图象叫作"神奇的电波"。我突然觉得函数是数学里令我兴奋的知识，我准备用手中的 TI，随着这些"电波"去探索更多的奥秘。

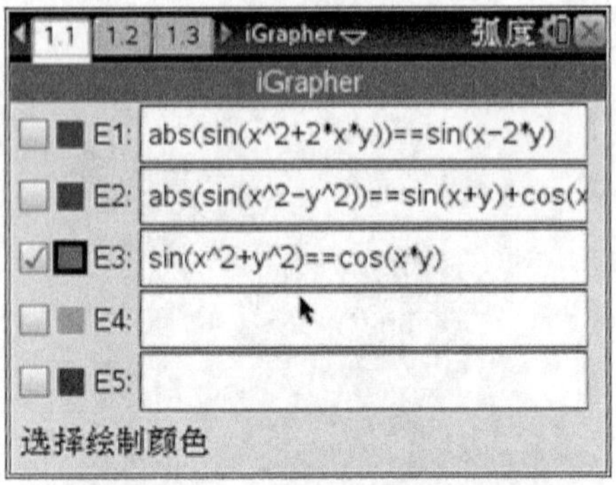

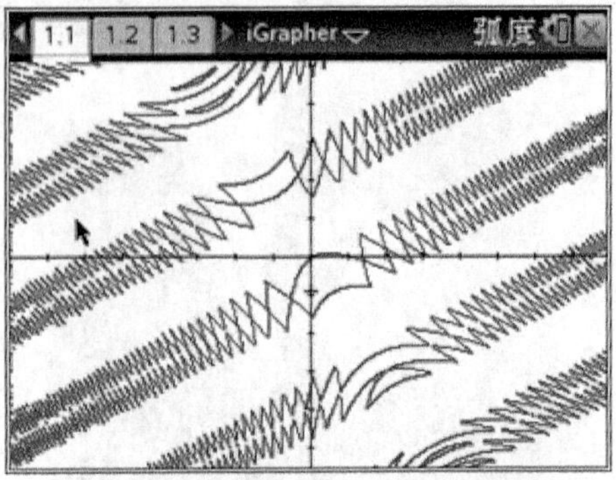

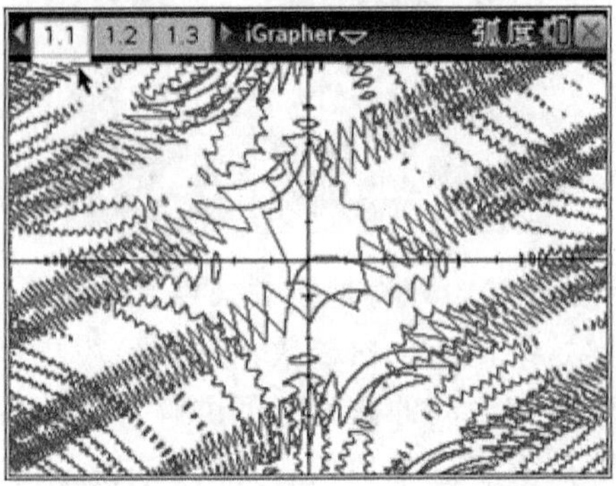

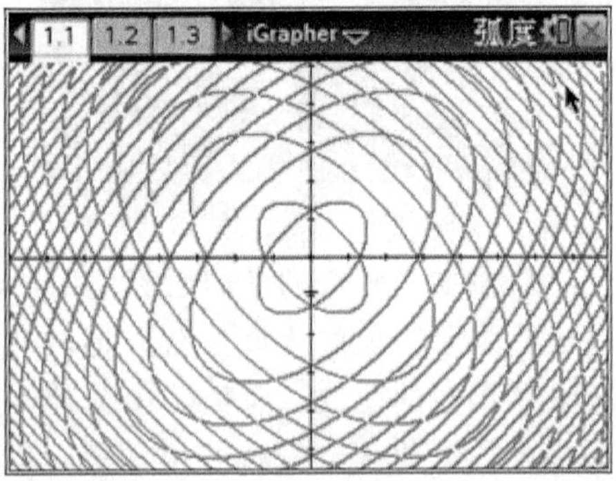

音乐之韵　色彩之绚

函数图象在我们的印象中始终是一种图形。而我们用 TI 不仅绘出各种函数图象，还利用它把函数以声音的方式呈现出来，让我们随着声音感受函数的变化。TI 图形计算器有编程的功能，通过编程与外部创始者扩展包和灯光结合，通过程序使灯光发出不同的颜色，发光持续长短不一的时间。我们用这个手持计算器就可以将一些数字，转换成美妙的音乐，让你听到熟悉的旋律。利用它的绘图功能绘出各种几何图形，它支持我利用圆的知识让图形旋转起来，经过一次次尝试、修改，一款摩托车就产生了！

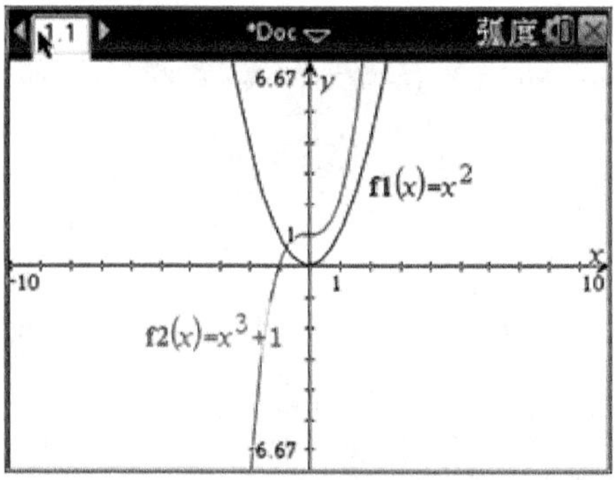

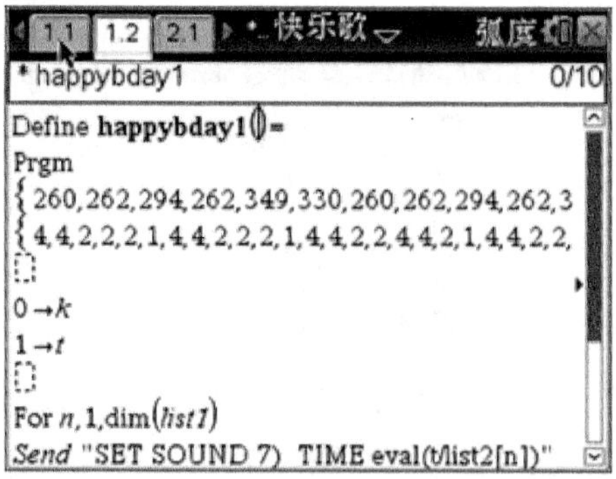

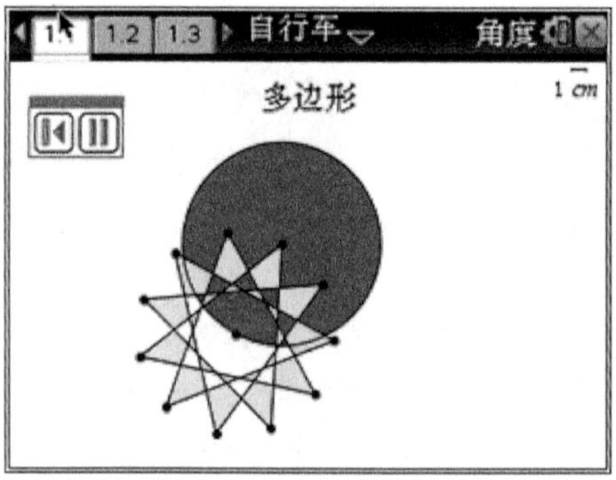

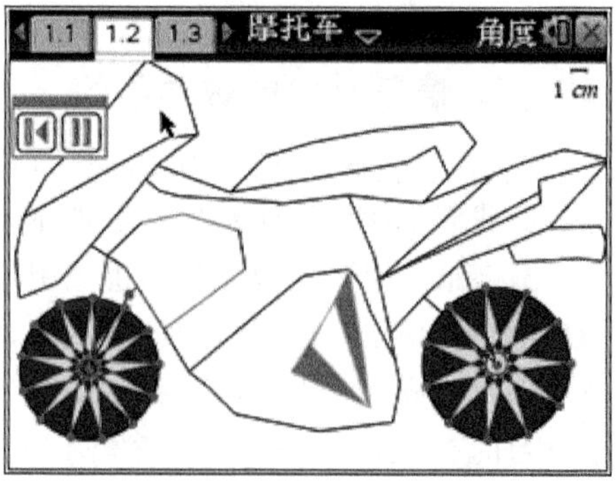

【案例 3】母亲节的礼物

母亲节快到了，孩子们有了新的想法，他们想用 TI 设计一款方巾图案，送给妈妈。我建议他们利用函数构造图形。没过几天，美丽的图案便呈现在我面前。有的同学用绝对值函数做出了直线型图案，有的同学用椭圆画出美丽的花瓣，有的同学用三角函数做出流水型图案，有的同学用绘图工具画出美丽的餐盘。

TI 图形计算器的使用给学生插上了一双有力的翅膀，从某种程度上讲，它促进了教师本身与学生的联系，激发了学生的学习兴趣，也促进了教学相长。

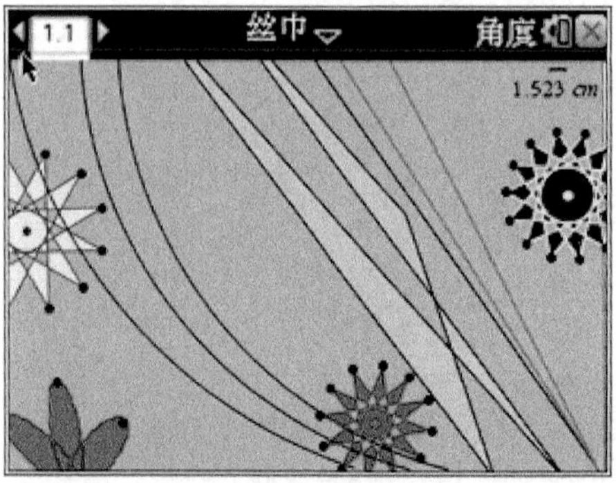

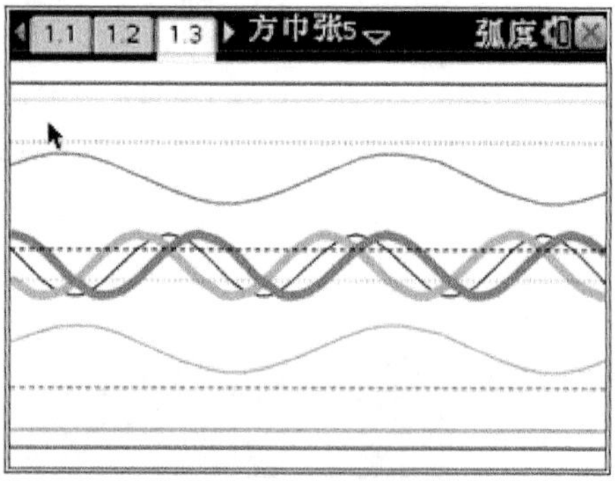

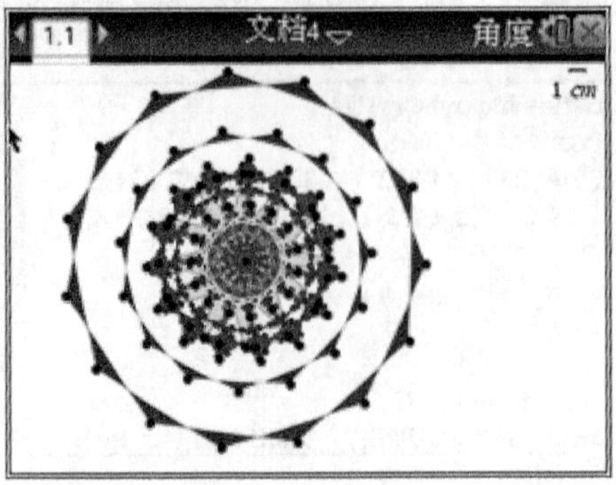

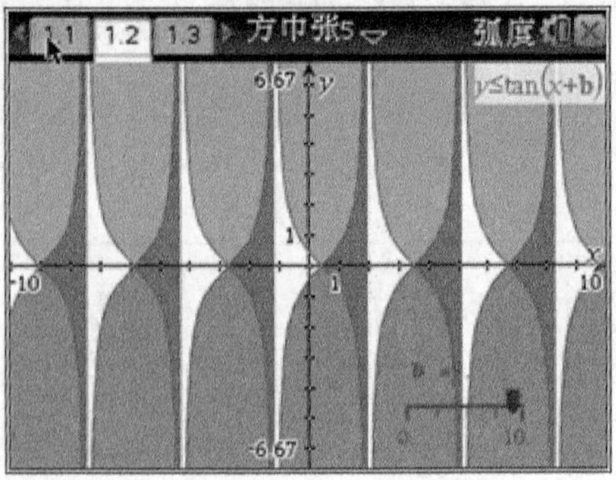

(二)信息时代的数学学习

网络时代，数学的学习不应仅仅局限于课堂之内，也不仅仅局限于课本的内容。我们不能仅仅让学生做些课本上、练习册中的数学题，数学教学不能让学生只会纸上谈兵。数学教师也应引导学生观察生活，用数学的视角思考和分析生活中的现象，让网络和信息技术成为学生学习的有效手段。例如，一些作业可以是开放的，学生可以利用网络获得信息，让网络和信息技术成为学生数学学习的有效工具。例如以下案例中学生通过网络关注生活中的数据。

【案例 4】“五一”小长假的发现

今天是“五一”小长假的第一天，天气很好，许多人选择了外出享受假期，我登录了北京市旅游局网站收集了一些数据，绘成统计图，有很多发现。

一、各类型景点接待情况

全市重点监测的 178 家旅游景区，共计接待游客 162.1 万人次，与去年同期基本持平；其中，历史文化观光型景区接待游客 80.3 万人，同比增长 3.1%；城市公园型景区接待游客 42.2 万人，同比减少 10.5%；自然山水型

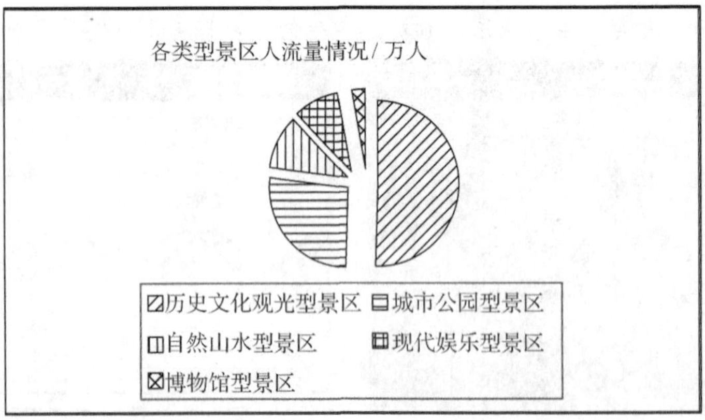

景区接待游客17.4万人，同比增长24.6%；现代娱乐型景区接待游客14.7万人，同比增长5.8%；博物馆型景区接待游客4.4万人，同比减少12.4%。

由此可见，现在人们更趋向于高质量、高文化的假期，而非纯粹的身心放松和精神上的释放。

二、北京市各著名景区接待情况

前门大街接待游客18.0万人，与去年同期基本持平；什刹海风景区接待游客15.9万人，同比减少4.8%；故宫博物院接待游客8.3万人，同比增长2.8%；颐和园接待游客8.0万人，同比增长134.8%；北京动物园接待游客6.6万人，同比减少13.0%。

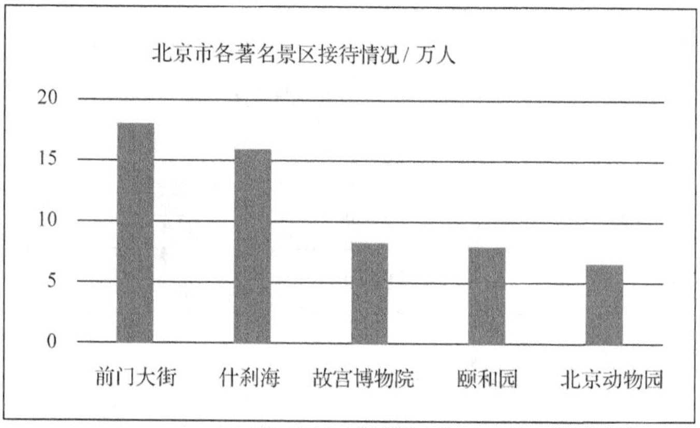

由此可见，现在人们趋向于游览历史古迹，感受中国文化，看来传统文化越来越走进普通人的生活。

三、出行方式选择情况

4月28日，民航进港人数13.3万人，铁路进站人数42.7万人，均与去年同期基本持平。

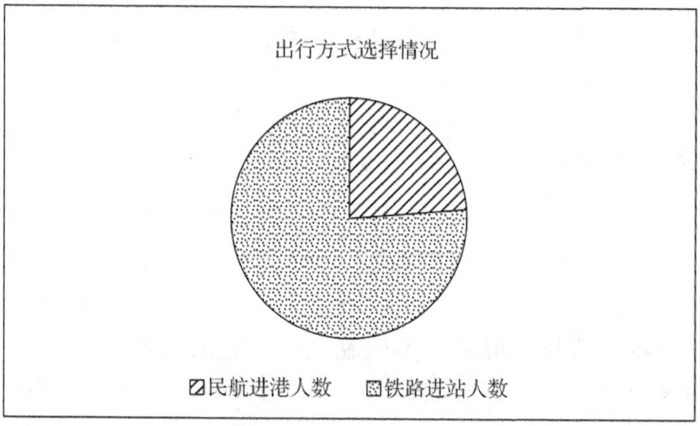

从我绘制的这个图可知，节假日选择轨道交通出行的市民还是占大多数，较轨道交通而言，航空旅行用时短，但是费用贵、票少，所以轨道交通还是大多数市民的首选出行方式。

四、旅游市场监管情况

4 月 29 日，市旅游委会同市公安局、市工商局、市交通委、市城管执法局、市公园管理中心等部门在市假日办联合办公，现场督导、调度全市旅游市场秩序保障工作。据统计，全市各部门、各区针对旅游市场秩序共出动执法人员 9033 人次，车辆 347 台次，检查旅游车 33 辆，查扣黑车 6 辆，检查导游 31 人次，查处黑导游 16 人，违规导游 1 人，检查各类旅游、经营企业 492 家，清理无照经营行为 212 起，查处非法小广告 18 起。

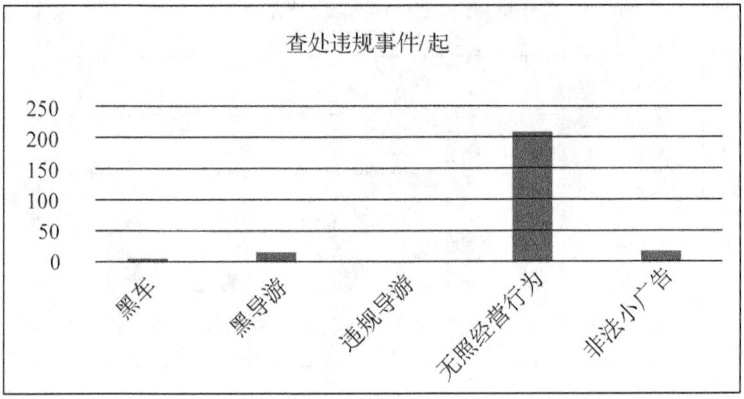

可以看出，政府对旅游业的监管，有效提高了各旅游机构的自觉性，并对违法机构进行了有力打击，有力维护了全市旅游秩序，让市民的旅游有了高质量的保证。

这次老师留的作业对我来说收获很大，我感受到了人们生活的数字化与信息化，很多事情有了较大规模的数字后就可以进行较为精确的分析与猜测。通过这一次的收集数据与分析，我对我国市民在五一小长假期间的出行有了一个较大范围地了解，很有收获。

(三)现代技术支持下的数学实验

我在参加骨干教师的培训时，听了曹一鸣教授的讲座，他认为“数学不仅仅是一门演绎的科学也是一门实验科学。计算机的使用正在改变数学的性质，数学正在成为一门‘实验科学’。”所谓数学实验可以认为是为获得某种数学理论、检验某个数学猜想、解决某类问题，在一定的技术手段支持下，在数学思维活动的参与下，在特定的实验环境下进行的探索、研究活动。看来，数学实验教学正逐渐走进数学课堂，逐渐被老师接受。数学实验教学模式，通常是教师提出明确的问题情境，由学生在一定技术支持下通过实验开展学习活动。这种学习活动是以学习者为核心所设计的问题探究活动，学生在教师的指导下，围绕所选定或从学生体验中发现的问题，自主探究或合作学习，进行解决问题的操作、验证、创作与成果发表。

信息技术为开展数学实验提供了便捷的条件和手段，数学实验是信息技术与数学课程整合的一个重要形式。根据问题的条件建构模型，并对模型进行操作、探究和实验，让学生从另一个角度学习体验数学。因此，数学实验有可能使学生经历数学家思考问题的方式和方法，从中体会数学探究的过程。数学实验一般要经历以下流程：

创设情境是数学实验教学的前提和条件，恰当的问题情境可以为数学实验提供探究的基础，为学生提供充分的探究空间。活动与实验过程是数学实验的核心环节和主要部分，讨论与交流包括组内的合作交流，也包括组与组之间的交流，在这个过程中学生的合作精神和交流能力可以得到培养。根据实验观察到的现象、得到的数据进行分析，寻找规律，并进行归纳与猜想。提出猜想得出结论，实验并未结束，还需要验证。

教师可以设计一些数学实验活动，以探究学生学习的形式，培养学生自主探究的能力。学生可以自主运用信息技术手段查阅资料，进行数学的收集、整理、分析。

1. 探究学习活动的方案设计

活动方案是以探究学习的思想为核心，从学生角度出发撰写的活动实施方案。方案的具体表现形式可以丰富多样，内容包括两大部分：

(1)学生探究学习计划。可以包含以下几个方面：①问题情境；②探究目标和任务；③探究过程的设计；④探究资源、工具；⑤探究评价的设计等内容。

(2)教师实施指南。包含以下几个方面：①探究主题的缘起、实施的思路、特色。②针对学生年龄和年级特点及现实环境与条件，对探究学习计划进行可行性分析。③教师利用的相关资源、工具等内容。

2. 探究活动实践案例

实践案例是学生已经完成探究过程，并已获得探究成果的学习过程的展示。其内容应包括：(1)探究学习的设计方案；(2)探究学习的实施过程；(3)探究学习的支持资源、工具或环境；(4)探究学习成果；(5)教师反思等几个部分。

3. 探究活动的评价

对数学实验活动的评价应关注两个方面，即探究的过程与结果。从过程角度，应关注过程、关注变化。比如提出问题是否有新意，操作过程是否有实效，合作过程是否有效率，自我感受是否有收获，兴趣动力是否有增强，数学素养是否有提高。从结果角度，应关注特色，关注创新。如结果呈现是否有特色，成果展示是否有创意，语言表达是否规范，反思拓展是否有价值。

总之，在数学课堂中，信息技术作为绘图、计算及处理数据的工具，可以帮助学生进行复杂的画图、计算，减少解决问题过程中的机械、重复性的劳动。这是信息技术基本的作用，它为数学探究提供了基础。比如几何画板可以方便地画出各种图形，可以以动态的形式，直观地演示图形的变化；科学计算器可以进行基本运算；TI 图形计算器具有强大的代数功能，特别是数据拟合方便快捷。数学学习中，学生一方面可以借助信息技术理解数学的本质，探究数学的规律，另一方面可以从机械的重复劳动中解放出来，从而提高数学学习的效率和效果。

科技高速发展的今天，学生运用信息技术的能力可能远远高于他的老师。相比传统的教学，信息技术带来的变化体现在以下几个方面。一是资源，信息技术改变了资源的配置，以往教师比学生多占有或优先占有资源，而现在，教师在资源占有方面不一定比学生有优势。通过网络，可以实现资源的共享；二是交流，信息技术为交流打开了渠道，学习过程中的交流再不仅仅是面对面的交流；三是评价，现实中，信息技术带来了评价方式的重大变化，借助网络进行过程性评价已经成为现实。随着科技的进步，技术手段进入数学课堂，学生在课堂上运用计算器等工具辅助数学学习是指日可待的事情。激发学生的学习兴趣比教给学生数学知识更重要，一个优秀的教师绝不会拒绝信息技术，关键在于我们怎样让信息技术成为教师教学和学生学习的有效工具。

四、改进学法

自主学习是与传统的接受性学习相对的一种现代化学习方式。顾名思义，自主学习是以学生作为学习的主体，通过学生独立分析、探索、实践、质疑、创造等方法来实现学习的目标。课程改革倡导改进学生的学习方式，培养学生的创新精神和创新能力。数学课程标准指出，学生的数学学习活动不应只限于接受、记忆、模仿和练习，应倡导自主探索、动手实践、合作交流、阅读自学等学习数学的方式。这些方式有助于发挥学生学习的主动性，使学生的学习过程成为在教师引导下的“再创造”过程。教材中也安排了相应的学习活动，为促进学生形成积极主动的、多样的学习方式创造有利的条件，以激发学生的学习兴趣，鼓励学生在学习过程中，养成独立思考、积极探索的习惯。

促进学生养成主动学习、主动获取知识、自主形成方法学习习惯，符合教育教学规律。建构主义认为，学习不是消极被动的过程，而是一个主动建构的过程，学习因素取决于外部因素和内部因素的相互作用。多元智能理论认为，每个学生都有自己的智能优势，在学习过程中，各种智能通过合作、互动等方式得到优势互补。传统的数学教学使学生被动地接受新知识而少有探索、发现和创新，学生的数学学习活动多数只限于接受、记忆、模仿和练习，它扼杀了学生的学习积极性和兴趣，学生的主体作用很难得到发挥。因此，需要教师改变教学方式，引导学生探索有效的学习方式。

多年前，我所在的学校基于“教为学服务，以学定教”的理念，开展培养学生自主学习能力的教学与学习模式研究。我作为数学教师参与了这项实践研究。实践中，自主学习是老师组织学生学习的一种普遍运用的方法，强调学生在学习过程中的自主性。教师教学过程中关注下列问题：①学生学习过程中的主观能动性(想学和愿学)；②掌握一定的学习方式和方法(能学和会学)；③学生学习过程中的参与能力、思维能力、评价能力；④教师的作用——组织者、启蒙者、引导者和帮助者。数学学习中，学生学习知识有三个阶段：①掌握课本上的陈述性知识，即明白新知识是什么；②通过自己动手、自主练习加深对知识的理解，掌握程序性知识；③加深对知识内涵的理解，在自己的头脑中形成元认知，掌握有意义的知识结构，形成策略性知识，迁移所学，形成独立解决问题的能力。为了完成这样的学习任务，学生需要很多的付出，其中很重要的一点就是在自主学习的基础上掌握科学的、有效的学习方法。

经过实践，我们从学习行为、思考方式和反馈方法等视角帮助学生建构了五种学习方法，使学生在自主学习能力、挖掘自身内在的潜能和创新能力方面有了很大的发展。这五种学习方法是：自主超前学习法(课前预习)、概括整合学习法(知识网)、互动合作学习法(小组合作)、自主反馈学习法(知识内涵)、意象思维法(想象力)。

这些方法实现了教法与学法的互动融合，其中，在数学学习中常用的主要是前三种。

1. 自主超前学习法

即新授课开始之前，学生在学案的引导下先行自主学习，然后带着问题在课堂上进行讨论交流，深入探究相关问题。实践中发现，课堂上让学生真正做到有效探究是很困难的，因为一节课的时间是有限的，学生的个体是有差异的。于是采用整合知识，实施单元模块备课，重新规划教学内容，把知识结构按单元划分，把学生课前、课堂、课后学习时间统筹安排，学生则完全实行教师指导下的自主学习，老师在课堂上加强学生掌握知识和学习能力的反馈。这种方式是学生学习效果最为理想的路径，但对学生的学习能力有较高的要求，教师在使用时要加强指导，这是一种“无师自通”的学习方式。

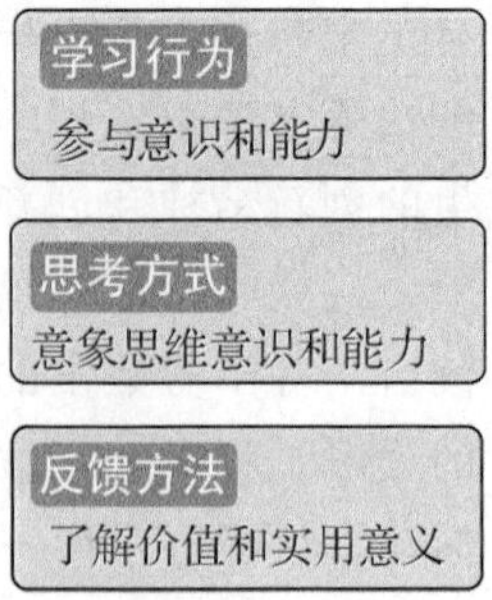

建构学习方法的视角

这种方式的基本流程图为：

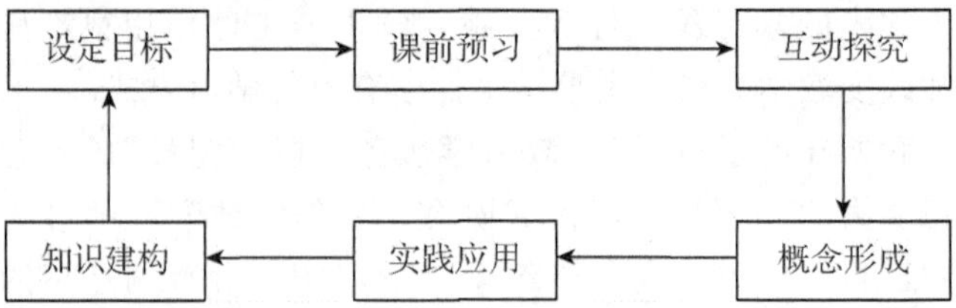

在课堂教学之前，教师通过任务单，指导学生课前的具体学习活动。任务单包括学习内容、学习要求及生成问题。学生先自主学习相关内容，自主阅读并完成适当练习，通过这个过程学会阅读教材，独立掌握知识。上课的时候，学生已经对要学习的知识有了基本理解，在课堂上教师创设各种情境，让学生对知识加深认识和理解，把课堂学生学习的重点从知识讲授转向对知识进行整合，使学生的自主学习能力和理解能力有较大提高。

2. 概括整合学习法

概括整合学习法是指建构知识间的联系，形成知识网络。这种方法以“知识记忆导图”为表现形式，它是学生在学习过程中概括、整合知识的一种好的学习方法。学生通过知识记忆图把新旧知识、关联知识、因果关系知识等通过各种类型的图形联系起来，把理性思维与形象思维联系起来、把旧知识与新知识联系起来、把现在的知识与将来要学习的知识联系起来、把知识的各种复杂关系联系起来等。知识记忆图的方式很多，可制成图片、图表、漫画、意境图、卡片、路线图、诗歌、顺口溜等，具有形象性、可视性。

3. *互动合作学习法*

互动合作学习法主要是指以小组为单位，进行合作学习。教师向学生提出具体任务，各小组学生在各自独立学习的基础上，进行小组讨论、交流，合作完成学习任务。互动合作学习的基本流程为：

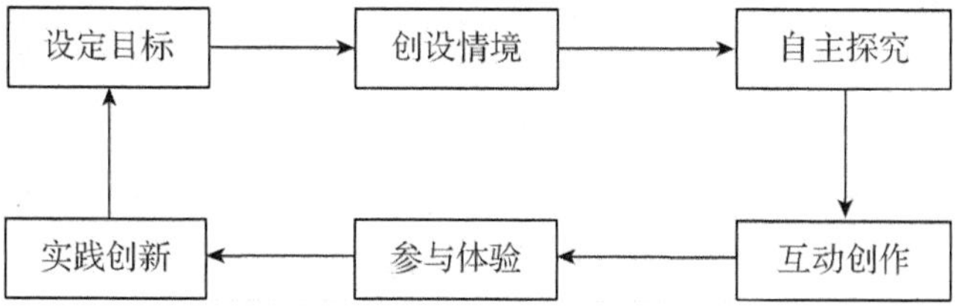

合作学习的“问题”可以来自教学的重点、难点处设计的探究性、发散性问题，也可以是学生在质疑问难中提出的问题，是较复杂、综合的内容。教师根据需求设计问题情境，给学生留出较多独立思考的时间，因为只有当学生在解决某个问题百思不得其解时进行合作学习才有成效。也要给学生提供充分的操作、探究、讨论、交流的时间，使不同层次的学生的智慧都得到发挥。一些开放性的、实践性较强的学习任务更适合运用这种学习方法。教材中的“课题学习”“数学活动”等都是较好的素材。这种方法更多地被运用在开放性、实践性的问题中。

五、历练成器

教师的教学以课堂为立足点，教学过程是教师与学生的教与学的互动过程，学生的知识、能力源于教师通过课堂教学的引领，教师的专业发展无法脱离于课堂教学，课堂教学的锤炼对于教师的成长起着至关重要的作用。研究课堂教学不能不从公开课说起。公开课是“一种有目的、有组织的，由数学教育专家、教师同行、学生及被评教师多方参与的一种教学研究、交流的专业活动。”①长期以来，公开课作为一线教师进行课堂教学研讨的主要形式，在提升课堂教学质量、促进教师专业成长方面扮演着越来越重要的角色。

公开课是研究教学的最好形式，每一位老师都上过各种级别的公开课，公开课打磨和实施能帮助教师提高把握教材的能力，能够促进教师对数学的理解，促进教师对学生的研究，提升新教师的自信心和自豪感，促进教师不

①傅海伦、徐丹、葛倩、于洋：《对当前数学公开课的再认识》，《教学与管理》，2014年第7期。

断学习。每一位优秀教师都是在无数的这样的课堂锤炼中成长的。

(一)公开课应成为一种特殊的“常态课”

公开课是面向所有听课教师开放的，是数学课堂教学的一种特殊形式，特殊在哪里呢？从表面来看，它的形式是开放的，面向所有听课教师；内容是有选择的，是为了达到某个目标而精心选择的；方法是个性化的，是授课教师用独具创新的方式展现教学的过程。每学期，一个学校或教育集团、区域教研部门都会组织很多大大小小的公开课，有的学校甚至每位老师每学期都要上一节公开课，以此方式进行教学研究，促进教学质量的提升。

随着课程改革的不断深入，教师的观念需要更新，教学方法、手段需要改进。所以数学公开课应具有引领、示范常态课的功能，就是要求数学公开课以日常数学教学为基础，承担起为日常课堂教学提供借鉴、引导、示范的作用。通过公开课的示范引领，将理念加以传播，进而转化为日常的教学实践。另一方面，教师专业能力也会通过公开课的各个环节得以提升，使承担授课任务的教师及参与磨课的教师、听课研讨的教师受到启发、悟出真谛。数学公开课应把为常态课提供示范作为主要目标，学校也应让公开课成为上好常态课的推手。

如果我们能把每一堂数学公开课都上得像常态课一样务实，把每一堂常态课都上得像公开课一样用心，那么，任何一堂数学课，不管它是否公开，真正受益的是我们的学生、是我们的老师，这应该是公开课追求的目标。

有的公开课，授课教师备课、上课、交反思，就算完成任务。听课老师听完课，交上听课手册也就完事大吉。听课教师感觉没什么收获，因为很多公开课太具表演化，用老师们的话，就是“学不来”“比不了人家的学生”，这样的公开课，授课老师累，听课教师也累，但意义并不大。那么我们怎样让公开课成为促进教学的有效手段，让数学公开课成为教师们乐于听、愿意上的课呢？

第一，反映真实情况。公开课作为一种课，是教师与学生、学生与学生之间进行知识生成、情感交流、合作互动的过程，同样需要遵循数学课堂教学的基本规律，担负学科育人的功能。数学公开课应该具有数学课的基本特征、能够反映出当今数学课堂教学的教学理念、教学方法、教学内容与活动形式的安排上贴合真实情况，以此达到通过展示课堂常态、反映真实问题，最终实现促进常态课教学质量，提升教师专业素养的目的。

第二，重视课后研讨。有些公开课，往往重视抓好集体磨课和试讲等环节，目的是保证上课时能精彩，能保证推出的课有一定的质量。因此提前很长时间做准备，修改再修改、试讲再试讲。由于课前准备得精细，往往课堂进程很顺利，也不乏精彩，但往往无法引起听课者的共鸣或者让听课者收获不大。这是由于重课前准备，轻课后研讨，造成研讨环节准备不充分。缺少授课者与评课者的互动，缺少专家和普通教师的互动，缺少民主交流和研讨的氛围，自然就少了思想的碰撞和思维的开拓。另外，由于有专家骨干教师的定调在先，基调已定，所以其他听课者及上课的教师面对权威只能听从，授课教师对教学的理解、听课教师心中的疑问，很难得到回应。听课的教师，尤其是青年教师，很想通过与授课者的对话解决心中的疑惑，或者希望能够分享一下授课教师备课中的思考，以此来促进自己课堂的改进与提升。对于听课者而言，与其说通过对话式研讨分享理念与智慧、重温备课历程，不如说与授课教师共同成长。

第三，关注学生的需求。无论是什么类型的公开课，都是为了研究教学、提升教师的素养，其最终的目的是服务学生。我们日常教学的服务对象也是学生，问题是我们是否真正把学生作为主体，让学生真正成为课堂的主动参与者，让教学真正服务于学生。在一次公开课的试讲中，一位教研员与学生的对话使我大受启发。那节课是七年级数学第十章的《简单随机抽样》，老师先给出了简单随机抽样的定义，告诉学生统计常用的方法是用部分估计总体。然后设计了一个用抽签的方式抽取样本，获得样本数据(学生的身高)，从而估计全班同学的平均身高。试讲时，学生按老师的要求顺利完成抽样，计算样本数据，获得这部分同学的平均身高，但是学生积极性并不高，也不主动。当时听课的教研员付老师请老师把课堂的最后几分钟留给学生，付老师请几个学生说说自己在听这节课的疑惑。发现多数学生怀疑“用部分估计总体”这件事，可见学生们是在怀疑中完成老师规定的动作的。了解了学生的内心想法，老师重新设计了教学环节，进行了第二次试讲。这次，先组织学生讨论各种方案，选择其中的一种，让学生带着对结果的期待分组进行简单随机抽样的实践操作，最后老师公布的了全班同学的实际平均身高。学生们发现用部分数据得到的结果与实际的结果如此相近，甚至有一组跟老师给的数据相同，非常兴奋。接下来老师引导学生分析各组数据的差异，讨论造成这种不同的原因及如何让抽样的过程更合理，从而让学生体会抽样的随机性，认同合理抽样的情况下用样本估计总体是可行的。这个体验是必要的，在这个过程中，学生从感性上体会了样本的随机性，接受了用样本估计总体的思想。

所以，公开课不能让学生只当演员，被动接受知识，要了解、回应他们的心理需求。教师在备课时应该克服自己超越学生的经验的干扰，返璞归真地设想学生会怎样思考所面临的新问题，这样才能解决他们心中的疑惑，更好地帮助他们建立新的知识结构。

(二)公开课的原则

教师的教学以课堂为立足点，因此教师专业的发展离不开课堂教学。课堂教学的锤炼对于教师的成长起着至关重要的作用。每一位老师都上过各种级别的公开课，在公开课打磨和实施中提高把握教材的能力，促进对数学的理解，促进教师对学生的研究，提升新教师的自信心和自豪感，促进教师不断学习。对数学教师而言，如果经历了一些在专家指导下的课堂打磨或者参加了诸如说课比赛、课堂教学大赛等活动的经历，一定会是终身受益的。

公开课作为教学研究的有效载体，一直被人们关注。作为学校教学中不可缺少的环节，公开课的价值在于能否最大限度地促进学校教研活动的实效性、促进教师的专业发展。公开课教研中所蕴含的资源是极其丰富的，学校教学管理部门应当重视对公开课资源进行深度开发。对于在公开课中发现的成功经验和教师具有创造性的做法，听课教师可以借鉴吸收，为我所用，并在更大的范围内进行推广和传播，由点带面，共同提高，从而实现听课教师和执教教师的双赢。

在校本教研活动中，我切身感觉到，以课堂为突破口，以听课、说课、评课为主要方式，以提高集体备课的实效性为目标的公开课教研活动，很受欢迎。因为它能非常有效地、快速地促进教师的专业发展，尤其是青年教师的专业发展。因此，我在代表区域数学备课组介绍联合教研活动经验的时候多次提出公开课应坚持“四化”“四尊重”原则。

所谓四化原则，即授课形式常态化、主讲教师年轻化、研课活动全程化、资源开发全员化。

1. 授课形式常态化

所谓常态化，就是让听课的老师能从中有所收益和得到启发，课的形式可模仿、内容能改进。教学质量的提升应立足常态课的教学管理和研究，公开课教学作为一种教学研究，目的之一是为了提升常态课教学的质量，因此应适当降低公开课教研的坡度，以确保公开课教研成果能有效衔接到常态课教学中。

真正有实效的公开课，上课教师、骨干老师及所有相关教师对课所做的是研磨，而不应是作“秀”，而要关注上课教师如何能理解教材课标，如何能创新，如何能把课上好。“常态化”追求的状态就是让公开课成为一种不平常的平常课，将平常课上成不公开的公开课。

2. 主讲教师年轻化

现在很多学校的年轻教师较多，这些教师工作热情高，追求专业发展的意识强，但执教经验少，在教学中亟待专业引领。多给这些教师提供公开的授课机会，会使他们很快成长起来。通过磨课，大家相互讨论启发，集思广益，共同寻找对策，优秀教师的丰富经验和专业素养能够最大限度地让青年教师避免失误。通过评课，解剖课堂，发现的问题和不足，力求改进。而对于在公开课中发现的成功经验和青年教师独辟蹊径的创新做法，应在组内进行推广。要让青年教师在磨课过程中尽情地分享优秀教师对教育的理解与诠释，尽情地发挥自己的创造力。这样，打造出一堂堂好课的同时，也能打造出一个个优秀的青年教师。

3. 研课活动全程化

教研部门不应以公开课教学的完成而终止，公开课作为一种教研所蕴涵的资源是极其丰富的，应当重视对公开课资源进行持续开发。

公开课的研磨应从课前准备、课堂展示、到课后评课全程进行。比如有些学校的公开课，授课教师进行初步教学设计，备课组先期讨论，再到全教研组共同研讨。骨干教师、特级教师充当合作者，常常会提供个性化的建议，这些个性化建议往往具有很强的创新性，可以增加课的专业技术含量，促进上课教师的专业成长。通常公开课的研磨要分两三轮进行，教案要生成多个版本，由小到大的听课也要有几次，从形式上看是烦琐的，但只有这样，才能磨出真东西来。在公开课后，应有一个沙龙式的研讨活动，主要让上课教师“说课”。这是体验的又一次回放，同伴对他的赏识和建议，能够让他体验到教育的快乐。

4. 资源开发全员化

开展公开课是以课堂教学为抓手，提高教育教学质量，促进教师专业成长的有效方式。这决定了公开课的授课人虽然只有一个，但是深度参与备课，共同进行资源开发，共享教育智慧应该是教研组或备课组的教研常态。对每个老师而言，参与磨课，课后沙龙式评课；教案的修改，课件的制作；资料的搜集，教材的进一步开发；甚至跨班试讲，视频录制……如果所有这些都是在组中进行的，这样的公开课对参与教研的老师来说一定是非常有价值的。

所谓四尊重原则，即尊重课标、尊重教材、尊重学生、尊重授课者。

(1)尊重课标

课程标准是教学指导方向，课堂教学不能偏离课程标准的要求。只有准确理解新课标的要求，才能把握好教学的深度。因此在公开课开展中，应该始终把学习课程标准作为一个重要的准备环节。磨课时由学科骨干教师对课标的内容进行解读剖析，使老师们的疑惑一一得到解决，这对日常的教学能起到指导作用。

(2)尊重教材

尊重教材，但不拘泥于教材。首先要把教材看作一个范本，努力做到入乎其中，吃透内容，把握重点难点。另一方面，也要把教材看成例子，不唯教材，能够触类旁通。磨课中，一个重要关注点是“如何用教材教”，只有理解课标要求，吃透教材编写意图，才能整体把握教学，有效使用教材。通过选择一些典型的知识作为公开课的授课内容，提高老师们对教材理解的深度。授课中尊重教材的编写，但也能根据教学实际做必要的整合。通过公开课的研讨，达到整体把握，有效整合的目标。

(3)尊重学生

学生是课堂教学的主体，是教学的最终服务对象。以学生为本，坚定“尊重学生的认知规律，尊重学生的情感体验”的理念，本着“教师为主导，学生为主体，问题解决为主线，能力发展为目标”的教学思想，开展公开课教学。备课中，要求主讲教师认真听取和吸收来自优秀教师的意见和建议，但要充分考虑学生的学情，按照教学要求，根据学生的实际进行教学设计。创设恰当的问题情境，力求让不同层次的学生在经历知识的形成过程中有自己的收获。授课中重视让学生经历知识的形成过程，重视使体会其中所蕴含的思想和方法，通过问题层层深入，引导学生积极思考，灵活掌握知识，使学生从“懂”到“会”到“悟”到“创”，力求把传授知识、培养能力与提升数学素养融为一体。

(4)尊重授课者

授课教师与学生一样，是公开课的“主角”。他们平等参与磨课活动，但他们是平等中的“首席”。在公开课活动中，授课教师的想法应被充分尊重、充分实践。每一位授课教师会根据自己的知识经验、思想情感、对大家的建议有选择地进行学习借鉴加工，内化为自己的东西，并在这个基础上有所发展和创新，这样才能打造出具有特色的课堂教学，形成具有个人风格的课堂。

公开课作为教学中不可缺少、不可回避的一种教学形式，应该去重视它、研究它，发挥它的最大效用，使之成为提高教学质量和教师专业成长的有利推手，让每一节常态课在公开课的引领中成为高质量的数学课，让老师们在公开课的历练中成为优秀的数学教师。

校本教研活动

教师的发展很大程度上影响着课程的发展。随着课程改革的深入，教师的关键性作用日益突出。这也对教师提出了更高更严格的要求。教师正从传统的单纯的教育者，逐渐转变为学术的研究者和参与者。因此，传统的教师培训及教研方式在一定程度上已不能满足教师的发展需求。

校本教研，是以教师为主体，以教育教学实际问题为研究对象，为促进学生、教师和学校共同发展而进行的教育教学研究。以校为本，并具有一定开展程序的校本教研制度，是一线教师发现问题、研究问题、解决问题、促进学校教育发展的一种教学活动。

目前对区域教研尚未有统一定义，文献中多见对联片教研进行阐述。联片教研是以促进校本教研有效开展为目的、以教师面对的带有普遍性的教学问题为研究对象、联合区域内各类不同层次的学校而开展的校际教学研讨活动。①

这里所指"区域教研"，是指在一定的区域内，以促进教师专业发展、提升学校学科教学质量、促进区域教育均衡发展为目标，通过整合学科教研资源而开展的校际间联合进行教学研究的一种校本教研活动形式。

一、发现问题

新一轮课程改革以来，校本教研在促进学校和教师专业成长中起着不可忽视的作用，已成为被教师认可的、并在学校中积极推行的教研制度。但是，校本教研在实践中也存在诸多问题，如学校同学科教师数量少，能力有限；学科教研形式单一；教研内容浅显；教师反思意识淡薄；专业引领缺失等。这些问题使校本教研制度在学校里的实施效果大打折扣。有研究表明："教师

①张勇：《联片教研：城乡教师共同成长的有效途径》，《中小学教师培训》，2008 年第 8 期，20 页。

对于有着人际互动的、有针对性的、有过程的‘专业研究人员’和‘教研员’的指导有着十分强烈的需求”①。因此采用实效性强的实施策略来推动理论和实践的相互融合，对促进校本教研的深入发展有着非常重要的作用。

学校内的学科教研组作为学校的教研基本组织，既是教师专业发展的摇篮，也是学校教育教学改革的前沿阵地，其作用不可忽视。

在新课程改革进程中，传统的教研组突显出许多弊端。如：教研活动流于形式；教研活动交流不深入；教研组管理制度中评价手段比较单一。这些都不利于教师专业水平的提升，制约了教研组职能的发挥，同时也影响了学校教育的发展。于是，加强学校教研组建设成为新课改背景下促进教师成长和学校发展亟待解决的问题。而对于教师教研水平有限、教研力量相对薄弱的学校，更加需要得到外部的支持与帮扶。

校本教研是推进教研组建设的有力推手，是促进学校教学发展和教师专业成长的有效途径。教师之间、教研组之间的合作不应仅仅局限于本校内，应该拓宽到校际间。在上述背景下，以支持和指导学校校本教研，解决教育教学实际问题，促进教师专业发展为目标的区域教研就具有了现实的意义。区域教研是校本教研的辅助和补充，它使学校和区域的教研活动相结合，让学校教研组视野得到开拓，并且让区域教研活动更具有针对性和实效性。

二、查找文献

“校本”一词在西方的教育发展进程中有着悠久的历史，而将其上升到理论层面来研究则开始于20世纪中期英美等国家兴起的“校本课程运动”，校本教研随之兴起。当时人们意识到缺少学校和教师参与的教学研究，难以将研究成果真正运用于教育实践中去，造成理论和实践的脱节。

(一)校本教研的相关论述

在美国，自20世纪80年代以来，学校教育不断进行改革，其中“重建学校运动”强调以校为本，受到了广泛的关注。到1989年，美国有75%的州立法规定成立学校中心管理的审议会。在近二十年中，美国一些学者对本国的校本课教研展开了多次评估活动，并制定了教师专业的严格标准和教育制度，

①王洁：《新课程背景下的校本教研正在回归本意——上海市中小学教研活动现状专题调研》，《现代教学》，2007年第9期，14页。

并建立以学校和现场为基地，提高了教师教育理论水平及其在教育教学中进行分析、诊断、假设和处理问题的能力。

20世纪80年代末，英国建立起了校本培训模式，开始实施教师聘任制度和教师证书制度。自1988年颁布教育改革法案后，英国建立起了课堂行动研究网络，将教师在教学实践过程中有关教育理论及教育实践的研究合二为一。90年代初期又开拓了“以学校为基地”的教师教育新途径。

日本于1949年1月颁布了名为《教育公务员特例法》的教育法，明确规定了教育行政部门对于教师研修的职责、义务。此外，为了提高教师的科研素质，日本政府进行了师范教育改革，提高教师学历，加强教育科学研究比例，鼓励教师研修，为教师提供专用的科研场所。

此外，中国、加拿大、法国、韩国、新西兰等世界各国都在倡导和实施以校为本的教育改革。校本运动包括校本课程开发、校本管理、校本培训、校本评价以及校本教研等。

我国校本教研是伴随着新课程产生的。2002年12月30日，教育部发布了《教育部关于积极推进中小学评价与考试制度改革的通知》，明确指出：“学校应建立以校为本、自下而上的教学研究制度，鼓励教师参与教学改革，从改革实践中提出教研课题。”2003年4月，教育部又发布了《教育部办公厅关于2003年新课程义务教育新课程实验工作有关要求的通知》，再次明确提出应“积极推进以校为本教研制度的建设”。为了促进校本教研制度的建设，2003年12月，教育部基础教育司和上海市教育委员会共同举办了“以校为本教研制度建设研讨会”。① 在中小学教育界实施和推进新课程的背景下，越来越多的人将注意力转到了对校本教研的研究中。

(二)我国区域联片教研的情况

在查阅资料中发现，“区域教研”相关文献的作者大部分都与区域性的教研工作有关，大多是区(县)以下的片区教研负责人或者是开展教研活动的学校组织者。还有一部分作者为各大学学者，他们对区域教研从教育论、课程论、教学论等方面进行了分析与阐述。

通过阅读大量相关文章，发现目前存在以下几种形式的区域教研形式。

①王秋芳、王鹏：《新课程下基于“PDCA循环”的校本教研模型初探》，《教育探究》，2007年第9期，72页。

1. 城乡结合的区域教研

邹尚智在《校本教研指导》①一书中，认为联片教研是校本教研的基本模式之一，按照地点就近原则，由一所办学水平较高、教研能力强、规模较大的学校做牵头学校，搞好中心辐射，3—6 所学校组成联合校，开展联片教研活动。他认为，城市学校较乡镇学校具有一定优势，可以在城乡区域教研中发挥优势。

黎奇在《校本教研基地建设模式》②一书中，在理论层面上阐述了农村学校联片校本教研模式与城区学校校际联合校本教研模式的组织形式、基本方法、行动策略。包括农村学校联片校本教研的组织形式与行动策略，包括由农村中心学校发挥辐射作用、教研员的专业引领作用、明星教师的示范作用、支教教师的带动作用。

2. 强弱校互助式的区域教研

《由"校本研训"走向"区域研训"——山西省晋城市赛讲式研训活动的探索与实践》③一文中介绍了在晋城市 30 余所普通高中学校中，由三所师资力量最强、领导理念到位、教师有较强的校本研训能力的学校、带动其他学校共同发展。他们根据学校所处地域、学校状况、师资水平等情况，由晋城市教研室牵头，依托这三所强校，建立了片区校际教研组织，形成了片区教研机制。

3. 高校与地方基础教育教育合作的区域教研形式

《UDS 合作教师发展共同体的数字化学习研究》④一文中指出"UDS 合作教师学习与发展共同体"代表了由大学、地区、中小学学校或幼儿园三方成员构成的合作实践共同体。UDS 是以推动教育大发展愿景为目标，以教育实践改进为首要指向，以各方的利益需求为动力，以项目为依托的合作组织。基于微信、微博、微课程及微云技术的 UDS 合作教师学习与发展共同体，建构了一个研修小组全方位共同参与、优质资源共享、无缝交流互动的数字化教师教育学习环境。

4. 网络教研共同体

《农村教师微型移动教研可行性调查与研究》⑤一文对移动学习的概念及优

---

①邹尚智：《校本教研指导》，北京：首都师范大学出版社，2010 年。

②黎奇：《校本教研基地建设模式》，北京：首都师范大学出版社，2010 年。

③陈超魁、张新民：《由"校本研训"走向"区域研训"——山西省晋城市赛讲式研训活动的探索与实践》，《教育理论与实践》，2009 年第 8 期。

④林青松：《UDS 合作教师发展共同体的数字化学习研究》，《中国电化教育》，2014 年第 324 期。

⑤代玲玲：《农村教师微型移动教研可行性调查与研究》，渤海大学，2014 年。

势、农村教师的特征、移动学习对教师学习的影响进行了研究。并通过比较促进农村教师专业发展的三种模式，即传统的教育培训模式、网络学习模式、移动学习模式，发现移动环境下农村教师专业发展最具可行性。

全国各地的市区县级教研室或学校牵头组织开展了形式和内容丰富的区域教研，包括教学互放、专题合作、同伴结对、课题研究等。如重庆市南川中学开展联片教研的几种形式：教学互访、校际共研、名师示范、骨干引领、专题合作、同伴结对等。上海市青浦区开展多层面的联片教研的做法，包括教学互访、校际会课、同伴结对、专题合作、回乡支教等。

可见，现有联片教研的形式是多样化的，也取得了诸多的成效。这些学校通过互动合作、资源共享，提高了教师的教学研究水平和能力，同时也解决了一些学校没有条件进行校本教研的实际困难。但是，现有的区域教研也存在诸如认识不足、专业引领不到位、缺乏有效管理机制和评价机制等问题。针对以上问题，许多研究者提出了解决对策，例如完善管理机制、加强制度建设、制定多合理的教研评价机制等。但是，总体来说，目前实施的联片教研形式或模式的深入探索多处于理论形式，少有对实践形式进行理论升华，缺乏较系统的阐述。

三、迁移拓展

作为北京市教育大区的海淀区虽然教育资源丰富、教师专业化水平较高。但在2007年秋进入课改时，教师也面临上述问题。海淀区教师进修学校数学教研室高一组按“地域邻近、优势互补”的原则将全区几十所学校划分为七个片区，力求在全区统一教研的基础上以片区为单位开展联合教研活动。其中，我所在的片区就是由七所规模较小的学校组成。几经周折，我们最后把这种教研称为“区域教研”。北航附中的金红梅老师作为东片数学区域教研的总负责人，投入大量精力，对教研活动作了全面的规划。我作为当时的组织者之一，参与组织和设计了具体的教研活动，与金老师一起对教研做了整体的策划。自2007—2013年，不定期开展联合教研活动为，几个学校的教研组长和一起参与活动的几十位老师建立了非常好的研讨氛围和深厚的友谊，取得了很多教研成果。

1. 确定教研工作的理念与目标

“区域教研是提升教师教学水平、缩小教学差距，优化教育资源的重要举措”。[①] 区域教研可以为“教师的专业发展提供专业引领、校际联动、成果交流、资源共享的机会，以弥补单一教研形式的不足之处”[②]。区域教研是校本教研的有益补充和辅助，它适应新课程改革的需要，能够促进教师专业的发展。它能利用优势互补、资源共享和整体推进的优势，整合区域教研力量促进学校之间的合作交流，从而实现学校互利共赢、均衡发展。

东片数学区域教研组致力于促进教师专业发展，培养学生优秀品质和优秀数学思维。其教研理念的核心是尊重、关爱、合作。同时，区域教研组把教研目标定位为促进区域数学教师的专业发展，促进数学课堂教学质量的提高。

2. 教研工作实践

(1)设计形式多样的教研活动

活动的设计是教研的核心任务，如何使教研内容与教师需求相统一是我们研究的一项重要内容。进入实践研究的教师共有 21 位，从人数上说并不多，因此信息沟通很及时。教师对新课程的恐惧很快在 2007 年的 11 月初的信息收集中显现出来，排在第一位的是“新教材怎么教”，其次是“怎么考”。

在前期调研的基础上，结合七所学校数学教师专业发展的需要，确定了“以市区骨干教师和各校教研组长为核心，以课堂为立足点，以专题研究为导引，以公开课和学术讲座为载体”的教研活动思路。列表如下：

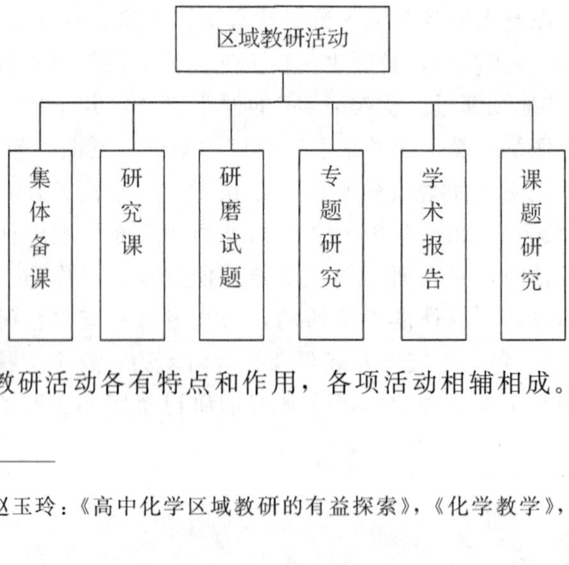

以上多种教研活动各有特点和作用，各项活动相辅相成。区域教研组根

①相佃国、赵玉玲：《高中化学区域教研的有益探索》，《化学教学》，2011 年第 12 期，13 页。

②白榆：《上海市高中生命科学教师区级教研活动的研究》，华东师范大学，2008 年。

据教师的实际教学情况及需求，在每个阶段对教研活动要做重点分析与设计。

(2)设计内涵丰富的教研活动

立足课堂教学开展研究活动。在新课改初期，针对很多数学教师对新课程的困惑，将教研内容的重点放在了课堂教学上，因此教研活动主要以集体备课、公开课、研磨试题为主。

实施过程：定期开展包括教材分析研究、复习备考研讨等在内的多层次、多角度备课活动，定期开展基于新课程理论指导下的课堂教学交流、研讨等教研活动。区域组的公开课主要分为骨干教师的示范课和青年教师的展示课。青年教师展示课中多以同课异构、跨校上课的形式进行。青年教师在区域组开展的公开课展示活动过程中会得到专家、优秀教师的专业指导。每个模块教学结束后要进行统一测评，为此要进行研磨试题活动。

着眼教科研能力提升开展课题研究活动。通过新课改第一轮的课堂教学实践研究，教师课堂教学能力迅速提升，教育教学效果不断提高。通过课例研究，老师们对教育教学已经有了比较深刻的认识。所以到了第二轮，教研的重点目标放在了提升数学教师教科研能力，主要以专题研究的形式来开展教研活动。

实施过程：在这个过程中区域教研组针对教学实际情况开展专题研究，开展基于教育教学实践实际问题的专题研讨。在教研活动中，把教育科研与提高课堂教学结合起来，围绕学科特点，以及教师的专业能力培养的要求，尝试在区域内联合开展各个级别的教育科研课题研究。

区域组以区域组长学校集中申报课题。全国教育科学“十二五”教育部规划课题“校本科研引领和促进基础教育质量提升的研究”的子课题：“促进教育公平，实现教育共享——新课程改革下区域教研的实践与探索”立项成功。下设5个子课题：“区域教师专业发展研究”“TI图形计算器在数学课堂中的应用研究”“区域数学青年教师的培养研究”“数学课堂教学模式的实践与探索”“高三数学复习课学案的设计”。

固化成果：将教育教学实践与理论相结合，形成成果并进行固化。这样可以提升教研的整体效果，同时能够将优质资源扩大化，为其他教研团队提供借鉴。几年来形成的有效的教研模式有：

①以解决教学实际问题为目的的教学问题研讨式。

收集问题—搜集资料—同伴交流—专业引领

②以公开课为主要形式的教学课例反思式。

集体研磨—反思实践—再教设计—资源共享

③以课题研究为方向的专题合作式。

专题研究—实践探索—合作交流—智慧共享

④以网上交流为主要手段的资源共享式。

发掘专长—引领学习—实践应用

3. 教研成效与价值

东片区域教研组在课程改革专家与学校领导的大力支持下，积极拓展教育资源、开阔教育视野。

(1)参加“国培计划”研修活动

2008～2010 年连续三年参加全国“普通高中课改实验省教师远程教育培训项目”，并作为数学学科培训专家成员参与研讨活动以及进行作业点评等，区域教研活动作为培训的专题之一供全国教师学习、研究。

2010～2012 年间四次组织区域组教师参加国培计划——骨干教师培训项目的交流活动，举办“区域教研”专题报告并进行课堂教学交流。

2011 年 5 月区域组为山东教师远程培训提供 3 节课的教学实录案例。

(2)国际交流

2012 年 7 月 8 日至 15 日我和北航附中金红梅老师参加了在韩国首尔举行的第二届世界数学教育大会，并完成了中国专场的六个报告中的《区域教研中推动教师“读懂学生”的实践研究》和《“读懂学生”行动中骨干教师的作用》两个报告。

(3)促进教师专业发展

正是由于东片区域教研组积极关注教师的专业发展，开展有效的教研活动，才使得教师的专业得以快速发展。仅以过去七校中一所学校的教研组为例，全校 7 位高中数学教师在 2012 年有 3 人被评为区级骨干或学科带头人，而在此之前没有区级骨干教师或学科带头人。再以区域组成立之初的 21 位教师为例，当时市区级骨干教师、学科带头人有 1 人，市级优秀教师 1 人，特级教师 1 人，经过几年的锤炼，截至 2012 年，这些教师中已经有 11 位成长为市区级骨干、学科带头人，这远高于全区市区学科带头人、骨干教师的比例。年轻教师脱颖而出，在各类教学比赛中成绩斐然。

4. 教研成果

区域教研极大地促进了教师专业的发展，提高了教师的校本教研能力。经过了几年的合作，取得了以下的成果：2011 年 7 月在全国“十一五”教育科研先进集体评选中被评为“教育科研先进集体”；2011 年 7 月研究报告《区域教研及其发展方式的研究与探索》在全国“十一五”教育科研评选中被评为教育科研优秀成果二等奖；研究报告《关于区域教研的研究与探索》获 2009 年海淀区教育科研创新成果一等奖；参与《推理与证明》教参的编写工作；应中国青年出版社之邀，完成世界数学教育名著《趣味数学》的翻译工作；2012 年被确定为全国教育科学“十二五”教育部重点规划课题“全国重点实验基地”；2013 年获得海淀区优秀教学成果一等奖；2015 年总结教研成果并出版《区域教研与教师专业发展》一书。

5. 基于调研的回顾与反思

教师是否需要专业发展？这是肯定的。但是教师在专业发展中需要什么？为了了解区域教研的效果与存在的问题，我在读在职教育硕士期间对区域组内的数学教师进行了问卷调查。根据对片区数学教研组教师专业发展情况、组织管理情况、活动开展情况的调研，来分析这类教研的效果。以下以表格的形式对调查结果做数据分析。

(1)教师对区域教研组性质的认识

表 1　教师对区域教研组性质的认识

题目	选项	选择率
1. 您认为所在的区域教研组是一种什么样的组织？	行政管理组织	0.9%
	非行政性学科专业组织	62.3%
	介于行政管理、非行政学科专业之间	16%
	说不清	20.8%
2. 您认为您所在的区域教研组和所在的学校数学教研组的关系是什么？	领导与被领导的关系	0.9%
	在学术上互为补充互相依存	97.3%
	两个独立的教研组织	1.8%
9. 您所在的学校学科教研组所承担的主要工作是什么？	检查教案、上课情况等一般性工作	9.4%
	组织教师合作教研	61.3%
	组织教师进行课题研究	5.6%
	传达学校布置的任务等管理性工作	23.7%

可以看出，大多数教师认为区域教研组是组织教师进行合作教研的、非行政性学科专业组织。这说明，区域组内老师对区域教研组的定位比较明确。从调查数据可以看出学校在教研组工作中，关注更多的是“教”，较少关注课题研究。可见教研组在处理“教”和“研”的关系中还过多倾向于“教”，这反映出教研组活动的内涵还不够深入，对教师的教科研能力的提升作用还有待提高。

(2)区域教研组中的教师角色和人际关系

表 2　教师对自己在教研组中的角色的认识

题目	选项	选择率
5. 您在区域教研组中，通常是什么态度?	参与，但不发表意见	1.9%
	参与，偶尔发表意见	63.2%
	参与，且能积极发言	34.9%
	基本不参加活动	0
6. 当您在教学上遇到困惑时，您首先想到的是哪些?	上网搜索相关材料	27.4%
	与本校教研组教师讨论	41.5%
	与区域组内非本校优秀教师讨论	26.4%
	自己在实践中慢慢摸索	4.7%
17. 您在区域教研活动中的角色是哪些?	主动参与讨论	49.1%
	听其他老师讲	38.7%
	上公开课的机会多	9.4%
	不得不参加	2.8%

从调查中可以看出各校数学教师在教研活动中的参与积极性较高，绝大部分教师参与教研活动时能发表自己的见解，说明教师对自身扮演的角色意识清楚，但是，参与且能积极发言的只占 34.9%，同时主动参与讨论的不到一半，说明多数教师还未能把自己准确定位到活动的主体地位之中。遇到问题时，67.9%的教师选择与本组或区域组其他学校的教师交流讨论，有较高比例的教师主动借助教研组优势帮助自己解决遇到的问题，也有一定比例的教师选择自己上网搜索材料，通过摸索寻找解决问题的途径。

表 3　教师对教研组长在教研组中的角色的认识

题目	选项	选择率
7. 您认为区域教研组长应该是怎样的?	学科带头人或骨干教师	62.3%
	学校的教学干部	0
	学科骨干中组织能力强的教师	25.4%
	所有老师都可以	12.3%
8. 您认为贵校教研组长的作用是怎样的?	领导与管理	19.8%
	组织教研活动	50%
	专业引领	30.2%

通过上述两组调查看出，有87.7%的教师认为教研组长应该是学术骨干，但是实际工作中学科教研组长主要是发起和组织教研活动，对教师专业发展往往没能起到引领作用。这说明教研组长的专业引领作用亟待加强。

表4　教师对教研组中人际关系的认识

题目	选项	选择率
10. 在您的专业成长中，区域教研组内的骨干教师是否对您有帮助?	经常帮助	48.1%
	偶尔帮助	36.7%
	基本没帮助	8.5%
	从不帮助	6.7%
11. 您认为区域教研组中老师之间的关系是否是平等互助的同伴关系?	一直是	78.3%
	偶尔是	17.0%
	基本不是	3.8%
	从来不是	0.9%

从上述两组调查数据可知，区域教研组中各学校的教师间关系较好，老师们非常认可自己与其他教师间的平等合作关系，这种关系有助于形成教师在区域组中的归属感，从而有利于提高区域教研组的作用。

(3)教研组开展活动情况

表5　教师对教研组活动开展情况的认识

题目	选项	选择率
13. 您认为区域教研组开展的活动对您的专业成长是否有帮助?	非常有帮助	68.0%
	比较有帮助	28.3%
	有帮助但作用不大	2.8%
	没有帮助	0.9%
14. 按照您所在区域教研组开展教研活动的形式，您是否愿意参加该活动?	非常愿意	60.4%
	比较愿意	29.2%
	无所谓	6.6%
	不愿意	3.8%

以上数据中不难看出，大多数教师认为区域教研组开展的教研活动对自己的专业成长有帮助，教师们在活动中增强了对教研组的认同感，绝大多数教师愿意参加区域教研活动。

表6　对教研组活动形式的认识

题目	选项	选择率
18. 在目前的区教研活动中，您觉得哪些方面需要改进？	活动内容	42.5%
	时间安排	33.0%
	组织形式	17.0%
	考核制度	7.5%
19. 在区域教研中，您最喜欢的教研活动方式是什么？	听课、评课	53.8%
	专家讲座	9.4%
	教材教法分析	32.1%
	参观学习	4.7%
20. 在区域教研中，哪种听课、评课方式对教师帮助最大？	与自己水平相当的教师相互听课讨论	0.9%
	专家和优秀教师听自己的课并点评	4.7%
	听优秀教师的课并听专家点评	17.9%
	专家、优秀教师和自己合作备课，听课、评课、研究改进	77.3%

调查结果显示，老师们希望教研活动的内容与课堂教学紧密相关，例如研读教材、研究教法的研究课等，这样可以共享集体智慧，帮助自己更好地完成教学工作。老师们最喜欢的教研形式是与课堂教学直接相关的形式，多数教师认为专家、优秀教师参与的课堂教学对自己的帮助最大，而专家仅仅听课、评课对教师的帮助不大。说明一线教师希望参加有专业引领的教研活动，并且希望这种专业引领能够深入、持续、长久。同时，较多的教师认为区域教研活动在内容和时间安排上需要改进，说明区域教研活动的组织缺少学校、上级教研部门的共同协调，还需要建立有效的教研机制。

表7　教师对教研组期望的认识

题目	选项	选择率
3. 您认为区域教研组对区域数学教师专业的影响是什么？	对教师专业成长的帮助很大	80.2%
	在课堂教学等方面有一定帮助，但不是很大	7.5%
	没产生多大影响	8.5%
	说不清	6.6%

续表

题目	选项	选择率
4. 区域组成立之初，您最期待区域教研活动帮助您解决的问题是什么？	新教材中新增内容的处理	12.3%
	考试考什么的问题	11.3%
	怎样渗透新课改理念的问题	39.6%
	提升科研能力	42.3%

上述数据表明，教师们对教研组的期望不仅仅局限于与教学活动有关的内容中，更希望在理念上得到提升、在教科研上有所作为、在专业上获得帮助，这在一定程度上使得区域教研组发挥作用的空间变大了。

表8　教师对教研活动作用的认识

题目	选项	选择率
12. 您将自己未来角色的定位？	校级优秀教师	12.3%
	区级学科骨干教师、学科带头人	63.2%
	市级骨干教师、学科带头人	10.4%
	一般教师	14.1%
15. 您认为教研活动可以提升您哪些方面的知识？	所教学科内容知识	14.2%
	一般性教学知识	0.9%
	学科教学方法知识	80.2%
	教育科研知识	4.7%
16. 在课程教学改革的过程中，怎样的专业指导对教师的帮助最大？	学科理论指导	1.9%
	课改专家与经验丰富的教师共同指导课堂教学	60.4%
	经验丰富的同事在教材教法方面的指导	23.5%
	同事之间对教学实际问题相互切磋交流	14.2%

以上数据表明，80.2%的教师认为通过教研活动可以提升学科教学方法知识，而获得教科研知识较少，说明区域教研在教师教科研能力提升方面的作用有限，有待改进。同时，83.9%的教师认为在课程改革过程中课改专家与一线经验丰富的教师共同合作对教师的专业成长帮助最大。同时，多数教师将自己未来角色定位在学科骨干教师、学科带头人上，可见教师们对专业的追求有较强的欲望，这是教研活动的有效开展内在动力。

从调查结果看，大多数教师将区域教研组定位于促进教师专业成长的“非行政性学科专业组织”。可以看出，虽然教研组在学校中还承担着一定的行政事务，但广大教师对教研组在教学研究中发挥更大作用的期待越来越明显。可见，建设基于学科的区域教研不仅是课改对学科建设的需求，同时更是一线教师对学科教研组在其专业发展过程中发挥积极促进作用的需求。

从调查数据可以反映出区域教研组中的教师角色和人际关系情况，不难看出，区域教研组中教师间的关系融洽，这种关系有助于教师形成在区域教研组中的归属感和认同感。这种情感是建立在平等、关爱、合作、共享的基础上的。教师期待教研组长是学术骨干，更好地发挥教研组学术引领的作用，但是实际工作中各校数学教研组长更多的是组织事务性活动，教研活动缺乏自主性与深入性。教研组长的专业引领作用亟待加强，区域教研恰恰可以利用各种教研资源对各校教研组起到引领与互补的作用。

教师们希望参加内容聚焦在课堂教学的教研活动，希望参加有专业引领的教研活动，并且希望这种专业引领能够深入、长久。同时，较多的教师认为区域教研活动的内容和时间安排上需要改进，需要建立有效的教研机制。大多数教师认为自己的专业成长得益于区域教研活动，非常认可教研活动对其专业发展的指导作用。在调查中发现，教研方式以研究课堂教学、教材教法为主，教研内容聚焦课堂教学，教师最喜欢的活动主要集中在“公开课”“磨题”等。

从调查结果可以看出，教研组作为学校校本教研的基地，在教师发展、学校发展中有很重要的作用。建设基于学习共同体的区域教研组与各校教研组并行，以促进教师专业发展作为最终目标，构建起一个开放互动、成长共赢的学科教师合作团队，是一种促进校本教研发展、促进学校发展的有效途径。

区域教研的积极作用。将校本教研与区域教研相结合，使教研视角更开阔，教研活动的针对性和实效性更强。这大大促进了教师教研方式转变，促进了教师学习、实践、反思以及研究模式的形成，使教师在教学研究方面从被动为主动，逐渐形成促进区域教研可持续发展的良好局面。

区域教研存在的问题。虽然东片的教研活动在创新活动形式、促进教师和学校发展方面取得了较好的成效。但在实践中区域教研也反映出了需要不断完善的方面。比如：

需要创建共同的管理机制。目前教育管理存在行政管理和业务管理两个方面，区域教研是几所学校的联合教研活动，需要行政部门和教研部门相互配合、共同管理，创建一个良好的发展环境，以保障区域教研更有效地发挥作用。

需要完善评价机制。教育管理部门及学校应建立良好的教师激励机制，鼓励教师积极地参与教研活动。

需要关注教师的实际困难。一线教师有提高自身专业水平和科研能力的愿望，但是很多教师在日常工作和家庭琐事之外很难能静下心来学习和反思，更无时间和精力深度参加教研活动。如果在计划教研活动时，不考虑这些，久而久之，必然会影响教研的效果。

四、模式构建

在课改深入推进的背景下，构建一种适合小规模、同类学校的有效教研模式——区域内推进学科教研组建设。这对实施区域教研、提升学校教育质量、促进区域内学校教育的共同发展起到关键作用。为此，提出以下策略：

(一)构建模式的基本要素

1. 健全教研制度

推进区域教研组建设，需要制度支持。良好制度是学科教研组建设的保证。教研组的日常活动与发展离不开高水平的学术带头人的引领，另一方面，教研组仅仅依赖个人的能力和素质，很容易出现管理脱节现象。因此，需要建立相对完善的制度以确保区域教研活动的高效运行。

健全校本教研制度，提升学校学科教研组教研意识。校本教研以促进教师的专业成长为宗旨，完善的校本教研制度，是各类教研活动有效开展的重要保障。校本教研制度应包括如下四方面：第一个方面是常规制度，例如集体备课、公开课展示、听课评课等；第二个方面是学习交流活动的开展，如新教师培训、网络研修、师徒结对、校际交流等；第三个方面是研究制度，例如教学反思、课题研究等；第四个方面是评价激励制度，例如学生考试与评价制度、教科研成果奖励制度等。

完善区域教研制度，推进教研科学发展。随着新课程改革的推进，许多学校都开始开展区域教研，尤其是学校规模小、教研力量弱的学校，通过建立区域教学研究团队，在区域内搭建教师共同参与、交流合作的教研平台，能够在加强校际研讨交流、实现区域教育资源共享、提升教育质量等方面发挥重要作用。从“以校为本”到“校际合作”，教研形式的转变使校本教研的实效性、学科教研组的互动性以及教师间的交流得到有利促进。但是，建立和完善区域教研制度使区域教研规范化，方能更加有效地推进教研组建设。完善的区域教研制度应包括：区域教研组织领导制度、区域教研活动制度、区域教研评估制度、区域教研激励制度等。

2. 发挥团队优势

学校的学科教研组是由同一学科的教师组成，共同合作、共同发展、共同开展教学研究的组织。换言之，它是基于学科组织教学实践、开展校本教研的学术团队。虽然，这个团队正在学校推进新课程的变革发展中发挥着关键作用，但它所体现的团队优势是有限的，尤其是教研力量薄弱的学科教研组，在实际教育教学中很难发挥积极作用，反而可能在一定程度上制约着校本教研的效果。因此，必须寻求外部支持和援助。笔者认为，组建区域学科教研组是十分必要的，充分发挥这一教研团队的优势，可以提升教研效果和水平，推动区域教育发展。

区域学科教研组定位于学术研究，以多样化的学术力量为支持，组织开展区域教研活动。以下从角色的定位与功能两个方面，来阐述区域教研团队的核心因素：

学科教研员的角色与功能的定位。新一轮教育改革过程中，学科教研员的职能由指导逐步向服务转变。本研究认为，教研员应该是教学问题的发现者和提炼者，是典型经验的推广者和传播者，也是学科区域教研组建设的管理者和评估者。

就区域而言，学科教研员是区域学科教研组的学术引领者，在区域教研活动中，学科教研员既是策划者也是参与者。教研员可以在区域层面指导教研活动；也可以在更高的层面组织开展专题性研究活动，指导本学科教研组建设；还可以亲自在学校给学生们上课，为教师的课堂教学起到示范引领作用。

区域学科教研组长的角色与功能定位。区域学科教研组组长是组建区域学科教研组后才形成的角色。多是从区域内的学科带头人或骨干教师中选拔出来的。一般来说，应该既是所在学校的学科骨干，又是区域内学科教研组的总负责人。

由于作为一线教师的经验丰富，因而区域教研组长与学科教研员有所不同，是教研活动的组织者和实际落实者，是区域学科教研组正常运行的核心力量，是各学校教研组的联系人。

各校教研组长的角色与功能定位。教研组长是各学校教研团队的中心人物，其领导力和科研引领能力是推进教研组建设的核心要素。他们对本学科教学进行组织管理，组织教师进行教学研究活动，因而既是校本教研活动的组织者，也是本学科教师专业成长的引领者。

就区域而言，各教研组长是区域学科教研组的重要成员。其本职工作是立足本校学科建设与发展，在区域教研组中起到协调配合、组织参与的作用，带领所在学校的学科教师共同推动区域学科教研组建设。在校际交流中，各学校教研组长既是联合活动的参与者，又是受益者，教研活动的组织和参与对其自身教育教学水平和能力的提升有着积极的作用。

3. 构建有效教研平台

教研活动是教研组内成员沟通与交流的主要形式。只有有效的教研活动，才能促进教师的专业发展，才能增强团队的合作意识，真正地实现教育教学质量的提高。可以从关注以下几个方面来组织开展教研活动，促进教研的有效性：

把握教学实践需求。教师是教研活动的主体，是教研活动的实际参与者和实践者。只有开展切合教师教学实际的教研活动，教师才会积极参与，才能实现教研的有效性。

创新教研方式。教师参与的深度和广度，是衡量区域教研有效性的重要指标。[①] 积极创新教研方式，能提升教师参与教研活动的深度和广度。创新教研方式可以从以下几个方面入手：

对话形式——变单向指导为共同研讨。传统教研中，教研员根据自己对教材、教法的理解，以自己的视角和观念提出对教学的意见或建议，而教师或接受或不接受。而在如今的教研中，区域教研应改变这种教研方式，强调对话，针对共性问题，教师和教研员应该进行共同研究，达成共识。变单向指导为共同研讨，会使教师和教研员产生共鸣，不仅能够有效解决实践中的问题，还能促进对问题的深入研究。

思维碰撞——变个体力量为集体智慧。参与教研活动的教师、专家学者进行观点碰撞、行为跟进，不仅有助于一线教师理念的提升、实践的改进，也有助于促进教师的研究意识和研究能力的提升。专家的跟进会给有效地推进区域教研活动以启迪和指导。

专题调研——由专注常规向内涵发展转变。在新课标的要求下，课堂教学方式发生了根本性的变化，学生已经成为课堂教学活动的主体。教学活动围绕学生展开，既要重视过程，又要兼顾结果。为此，日常调研，不仅需要关注常规教学，也需加强教师的教学沟通，以学科教研组为基础，建立跨学校甚至跨学科的教学研究共同体，就具体问题深入探讨，通过不同层次的研

①田长青：《区域教研方式转变的思路、策略与抓手》，《江苏教育》，2012 年第 29 期。

讨活动，完成教学方式由形式的转变向内涵发展的转变。

与专家互动，提升教育视野。区域教研组的实践表明，专家对于理论知识的精专研究、课改理念的深刻把握，对一线教师的帮助是巨大的。与专家的互动使教师专业水平逐渐提高、理念不断深化。专家学者对一线教研工作给予关注，对具体工作中提供支持和指导，为一线教师参加更高一级的培训搭建平台，将给区域教研注入强大的动力。

提升参与者归属感与认同感。区域教研活动本质上是一定区域内的教师同伴互助学习①。区域教研活动能够受到老师们的欢迎和热情、积极地参与，一个很重要的要素，就是情感。根据学习型组织理论，一个有共同愿景的团队，凝聚整合个人的愿景，基于个人的意愿和能力，在不断学习的过程中全身心投入，不断创造和超越自我，最终实现个人发展的最大化及组织学习力的整体化。因此，先进的理念和共同的目标是区域教研有效性的精神基础，尊重与合作是区域教研的基本理念。具有共同理念、共同目标的学习共同体使参与教师提升了归属感与认同感，从而能够提升活动的实效。

加强专业引领，营造良好教研环境。区域教研活动之所以能有效开展，离不开一个重要因素，那就是良好的教研环境。这个教研环境包括以下几个方面：

(1)学校支持。教师的工作植根于学校教学，区域教研服务于学校，这决定了区域教研离不开学校的支持，区域组内的各所学校对教研活动需提供大力支持。学校从制度、规划、资源等方面协调支持，使区域教研成为学校、教师、教研员三位一体教研。

(2)核心引领。学科骨干教师是区域教研的先行者，他们在教学上积累了丰富的经验，取得了很多教科研成果，这些老师是教研的引路人。有效教研不仅仅需要理念，更重要的是方法和策略。为使教研活动有序、有效开展，区域组应充分发挥骨干教师的带头作用，让经验丰富、专业能力强、组织能力强的优秀教师发挥核心作用，促使区域教研活动正常有序高效开展。

(3)专家指导。实践表明，专业的引领能弥补一线教师专业水平和理论知识的欠缺。与专家的交流，能使一线教师在知识上更丰富、理念上更成熟、观点上更上位，在教学中更自信。同时在教学实践中长期得到教研员的具体指导，对提升教学实践能力会有很大提升。

(4)专业追求。数学教育作为教育的有机部分，在形成人们认识世界的态度和方法方面、在发展和完善人的教育中、在推动社会进步和发展中起着重

---

①田长青：《区域教研方式转变的思路、策略与抓手》，《江苏教育》，2012年第29期。

要的作用。因此，教师在教学实践中提高专业技能、专业素养和专业思想是教育路上不会也不应停下的脚步。实践表明，一线教师有了这样的专业追求必将对区域教研产生极大推动作用。

(二)实践模式

1. 区域教研活动的实践模式

结合自己的实践发现，校本教研中提出问题，通过区域教研加以解决是区域教研实际存在的具体形式。这种基于“校内合作、校际联动”开展的区域教研实践研究十分有必要，以下把这种教研模式称为“两位一体”式区域教研。这种教研是以教育教学实践中所产生的真实问题为研究对象，以“问题提出→目标确定→方案研究→行为跟进→实效评估→资源共享”为基本思路的实践模式。

在教学中所发生的真实教学问题，解决途径一般有两类：第一类是基于学校，在学校内解决，即在校本教研中解决。第二类是在校本教研的基础上拓展解决问题的途径，通过校际联合、教研部门指导得以解决，即区域教研。这两类解决方式之间的关系如下图：

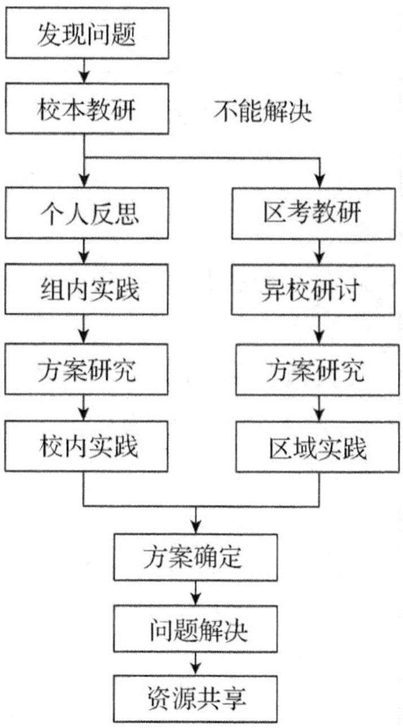

图 1

2. 区域教研活动实践模式的流程设计

区域教学研究区别于一般的教育教学实践活动，它具有基本规范和基本程序，并形成不同形式的活动流程。其流程如下：

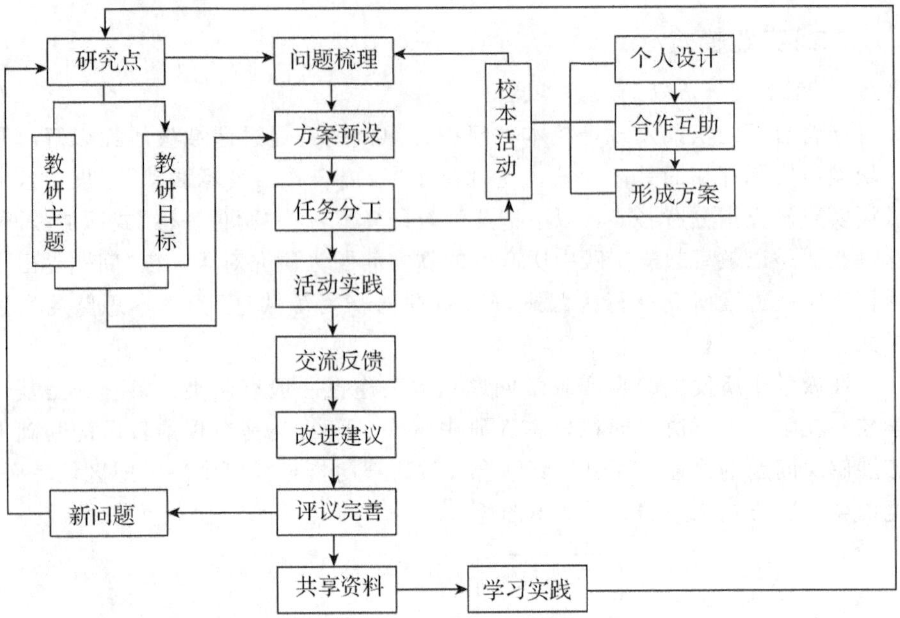

图 2

3. 具体教研活动流程设计

第一，合作进行课例研究。

课堂是教学改革的主渠道，是教师专业成长的土壤。课例研究是改进教学、促进教师专业发展的重要途径。怎样能使听评课为区域教师的专业发展提供有力的支撑？基于区域教研的实践研究，笔者认为，区域教研组的公开课活动从内容到形式、从教师个人思考到区域群体方案，整个过程都应寻求这种支持。针对公开课，提供如下流程：

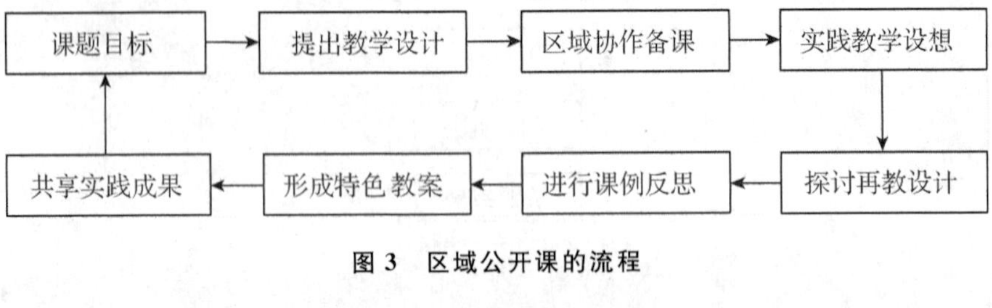

图 3　区域公开课的流程

上述教学流程的实现成为基于合作的公开课的基础。

公开课是老师们展示教学水平、交流教学经验的最好平台，因此区域教研开展公开课的研究与探索有着重要的意义。公开课应包括两种类型：优秀教师的示范课和青年教师的展示课。

第二，日常备课研讨。

为有效解决校本集体备课中的实际问题，区域教研组可以定期开展集体大备课活动。

(1)备课研讨模式的运行结构

图 4

(2)具体操作的步骤及内涵

①充分准备，发挥专长

首先确定本学期教学内容中需要集体研讨的部分，区域教研组根据区域内学校的师资及教师专长对所要研讨的内容进行分工，由各学校教师轮流承担主备任务。从教学目标的确定、教学过程的设计、教学材料的准备、教学手段的选择等方面尽可能做到充分预设，确保质量。

②集中研讨，集思广益

主备教师在充分准备的情况下，在区域研讨时进行中心发言。其他教师在此之前已经对备课初稿进行了分析、构思，形成自己的意见和建议或者提出自己的质疑。研讨中每位教师都做到有备而来，大家畅所欲言，集思广益。

③共享成果，个性处理

在教材教法的研讨中，从教学理念到教学目标，再到教学具体内容的把控，形成具有一定高度的共识，最后形成具有区域特色的成果。另一方面，集体备课过程中也要注重个人反思，包括是否对教材进行创造性地处理、教学设计是否符合所教学生的实际等，在共享成果的基础上由教师形成具有个人特色的精品教案和学案。

第三，专题研讨式教研。

专题研讨式教研首先从教学实践中筛选出需要解决的教学问题，然后通过区域教研组组织教师进行专题讨论和研究，寻求破解的方法和途径，从而达到促进参与教师专业能力提升的目标。

(1)专题研讨式教研模式的运行结构

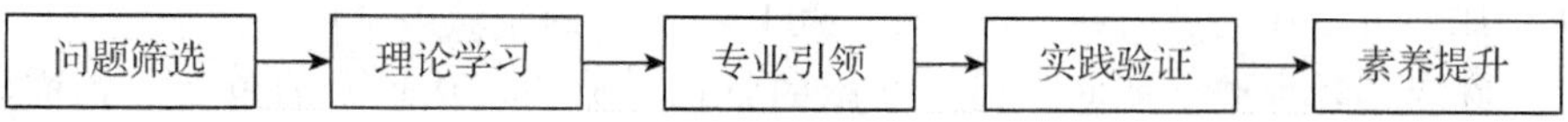

图 5

(2)具体操作的步骤

问题筛选——区域教研组负责人对各学校在数学教学上存在的问题进行调查分析，从中概括出具有研究价值的问题，形成区域的具体问题，归纳、整理形成专题以备研讨。

理论学习——为保证研讨的有效性和正确性，根据研讨的问题，组织教师学习相关理论，寻求理论指导和操作规范。

专业引领——针对所要解决的问题，请教研员、学科骨干等具有丰富教学经验的教师进行专业指导，有条件的话还可以请教育教学专家一起研讨，形成理论与实践的双提升。

实践验证——基于前面专题研讨的结果，设计出具体的实践方案。实践中提出建议，改进方案，最后供全体教师参考。

第四，课题牵动式教研。

区域教研组组织教师对典型问题进行梳理和分析，确定研究课题，教师带着课题进行教学实践。在这个过程中教师经历了学习、反思、实践和感悟，不仅解决了具体实践中的问题，还达到认识教育教学规律，提升专业素养提升的目标。

通过课题研究，以及教师和专家、教研员、教师之间相互交流和学习，增强了教师参与教科研的意识，促进了教师学习和掌握科学的教科研方法，使教师教科研能力得以提升。

(1)课题牵动式教研基本教研模式

图 6

(2)具体操作的步骤及内涵

确定课题——以课堂为基地，基于课堂教学发现问题是区域组确定研究问题的基本途径。

资源开发——课题研究中，发挥各方面的积极作用，为教师的教学研究提供和开发各种资源。

深度研究——研究过程中，注重教学与科研、理论与实践、教师学习与专家指导相结合。

共享成果——课题的研究可以带动一系列专题，培养一批研究型教师。研究成果可以在区域内共享，甚至还可以在更宽的领域内推广。

在攻读教育硕士期间，通过文献的整理与分析，从理论的角度寻找构建有效区域教研的要素。并以区域教研的实践为案例，从实践的角度探寻区域教研成功的因素，分析与之条件类似学校间进行区域教研的必要性和可行性，并提出可借鉴的教研模式。在理论上和实践方面具有一定的意义和价值。但同时，由于个人的知识和水平有限，在研究中存在以下不足：

在进行问卷调查时，只选取了本区域内的学校进行调查，为使得结论更可靠，选取不同层面的专家、教研人员、教师进行谈话交流，尽管如此，具体得到的结论能不能完全代表整体，还需要再做深入的调查和研究。部分学校对校本教研和区域教研相结合在促进教师专业发展方面的作用认识不够清晰。如何促进学校加大重视力度，从而为教师搭建更好的教育教学研究平台，也是一个值得探讨的一个问题。另一方面，上文通过对区域内推进校际间联合教研进行了理论上的探寻，同时通过对实践分析提出了同类条件下区域教研的操作策略，而对于这种区域教研是否普遍适用，没有做长效的检验和评价。目前集团化办学已经形成比较成熟的局面，集团内校本教研活动的开展也弥补了弱校的不足，在这种形式下的地区，尤其是在海淀区，上述的区域教研的意义大大弱化。这是本研究的局限之处，但同时也是本课题可以进行进一步研究的问题。

后　记

2015年我因工作调动来到首都师范大学附属中学第一分校，这里的学术治校氛围深深吸引了我。为促进老师们的专业发展，学校经常请专家进行教学指导。我有幸得到章建跃教授的指导，让我对数学、对教学、对学生有了新的理解，也促使我对课堂进行深刻反思。连四清、武春兰等教授对课堂教学的剖析让我对教学设计有了新的认识，也促使我对教学进行一些研究。

2016年，我的研究生毕业论文被首师大推荐参加全国优秀教育硕士专业学位论文评选，数科院请梁校长写了专家推荐理由。梁校长建议我提炼一下教育教学中立德树人、教书育人的思考和实践，既是提升自己，也可分享于他人。由于自己不擅长写东西，认识的也不够深刻，所以一直也没有开始动笔。之后，在校园里碰见校长，她总是问我动笔了吗？我很是愧疚。

当我把过去积累的教育教学资料整理到一块儿的时候，我重新认识了自己，也认识了自己曾经的工作。

首先，我喜欢与学生在一起。我保留了大量的学生资料，2001届开始的各种资料记载了学生的成长。班务日志虽已经陈旧，但翻看其中的内容，仿佛又回到年轻时自己与学生们朝夕相处的日子。我喜欢随手给学生拍一些学习、活动的照片，记录他们的成长，这也成了我反思过去的珍贵资料。

作为班主任，我一直关注学生品德与行为的修炼。从我曾写过的心得体会、工作计划和总结中可以发现，我非常注重学生习惯的养成教育。事实上，在行动中我也是这样做的。班级建设的目标着眼未来，工作从细节抓起。“着眼立德树人的大目标，着手于教育教学的细节中”的工作方法一直贯穿于我的日常工作中。

教学工作一直在学习、思考、尝试、改进中前行，不固守已有的经验，喜欢用一种学习和研究的态度去做事。从曾经发表过的一些文章中也发现，自己没做什么高深的研究，基于课堂教学中的小问题的思考不少。

因为特殊原因，有几年没有做班主任，这让我体会到两种角色的不同，我突然意识到班主任的工作其实很重要。班主任与学生的距离更近，你会用同理心去理解学生，理解他们的内心世界，跟学生的交流是心与心的深入交流。

2008年，在首师大参加王尚志教授组织的关于新课程的讨论班时，王教授也曾让我就班主任对教学的促进方面做些研究，但我一直没有去做。一是自己的认识水平还不够，二是没有进行比较，不知道班主任的工作有什么特别，这也许是“不是庐山真面目，只缘身在此山中”吧！今天我有机会做些梳理，也是一次深入思考吧！

在这里我要感谢所有促我前行的人，在本书的完成中，刘晓玫教授给我提出了修改意见，我认真听取这些意见，并据此对内容作了修改，改完之后仍感觉没有达到要求，还需认真学习和领会。我的导师张燕勤教授对我的鼓励使我倍受鼓舞。在写作过程中，张铁林和李海丽两位年轻的同事帮助我校对了文字，在此一并感谢！

最后，我要感谢我的爱人和女儿，在完成此书的过程中，他们一直在鼓励、支持我，把时间和空间留给我完成“作业”，他们默默承担了很多本应该我去做的事情。谢谢他们的支持！